Eva-Maria Bast | Manuela Klaas | Sabine Wienrich

Schwarzwald
Geheimnisse

50 SPANNENDE GESCHICHTEN FÜR KLEINE ENTDECKER

edition SÜDKURIER

Bast, Eva-Maria; Klaas, Manuela; Wienrich, Sabine

Schwarzwald-Geheimnisse – 50 spannende Geschichten für kleine Entdecker

Edition SÜDKURIER in Kooperation mit:
Bast Medien Service, Münsterstr. 35, 88662 Überlingen (verantwortlich)
1. Auflage 2015.
ISBN: 978-3-9816796-3-2

Copyright: Bast Medien Service
Lektorat: Lena Bast
Covergestaltung: Stefan Roth, Jarina Binnig
Illustrationen: Roth-Cartoons, Stefan Roth
Layout: Homebase – Kommunikation & Design, Jarina Binnig
Grafik: Stefanie Kerstan, Jessica Steller
Satz: Homebase – Kommunikation & Design
Druck: werk zwei Print+Medien Konstanz GmbH

Ein Titel aus der preisgekrönten Reihe „Geheimnisse der Heimat"

Inhalt

Vorwort Lasse Lupe — 8

Vorwort Stefan Lutz — 10

Alpirsbach

01. Geheimnis
Grabplatte – Kröte verschluckt! Oder: So ein Quak! — 12

02. Geheimnis
Register – Von Flöten und Pfeifen — 15

Bad Dürrheim

03. Geheimnis
Bohrtürme 9 und 10 – Salz aus dem Schwarzwald — 19

04. Geheimnis
Pavillon Kohlermann – Mit Sophie Scholl im Kindergarten — 22

05. Geheimnis
Salinensee – Champagner und Sonnenöl — 26

Bad Säckingen

06. Geheimnis
Betonpfeiler – Explosive Grenze — 29

07. Geheimnis
Gedenkstein – Inschrift gibt großes Rätsel auf — 33

Baiersbronn

08. Geheimnis
Gasthaus zum Löwen – Wie gut, wenn man Französisch spricht! — 36

09. Geheimnis
Morlokhof – Gegen jede Krankheit ist ein Kraut gewachsen — 39

10. Geheimnis
Sankenbachwiesen – Fische – frisch gepflückt — 43

Blasiwald-Eisenbreche

11. Geheimnis
Wilderer Lochheiri – Ein Mann, eine Legende   46

Blumberg

12. Geheimnis
Rote Metallringe – Parkplätze für die Pferde   50

Bonndorf

13. Geheimnis
Schloss – Falsche Fenster   53

Donaueschingen

14. Geheimnis
Relief – Gebäck für Marie Antoinette   56

15. Geheimnis
Steinbrocken – Wo Hungrige auf Butter ausrutschten   60

Feldberg

16. Geheimnis
Dr. Pilet-Statue – Auf Riesen-Skiern durch den Schwarzwald   64

Freiburg

17. Geheimnis
Bächle – Auch Drachen haben Zahnweh   67

18. Geheimnis
Brezelfenster – Gebäck, das Sonnenstrahlen fängt   71

19. Geheimnis
Maßeinheiten – Elle, Weck, Sester und Zuber   75

20. Geheimnis
Sandsteintafeln – Der schwarze Berthold   78

Freudenstadt

21. Geheimnis
Großvatertanne – Baum gerettet!   81

Friedrichstal

22. Geheimnis
Grube – Verschollen und wiederentdeckt — 85

Furtwangen

23. Geheimnis
Günterfelsen – Magische Wollsäcke mitten im Wald — 88

Gütenbach

24. Geheimnis
Balzer Herrgott – Von der Natur umschlungen — 91

Haslach

25. Geheimnis
Kindlesbrunnen – Kreuzlestecken für ein Geschwisterchen — 95

26. Geheimnis
Schutzmantelmadonna – Zuflucht für eine ganze Familie — 97

27. Geheimnis
Wandgemälde – Erinnerung an ein altes Versprechen — 100

Königsfeld

28. Geheimnis
Doniswald – Hansi, Hansi, komm! — 104

Rheinfelden

29. Geheimnis
St. Anna-Loch – Hier ist der Rhein unberechenbar — 107

Rottweil

30. Geheimnis
Rottweiler-Statue – Treuer Metzgerhund bewacht die Stadt — 110

31. Geheimnis
Römisches Legionsbad – Wo einst die alten Römer planschten — 114

Schiltach

32. Geheimnis
Gamber – Wassersperre der Flößer　　　117

33. Geheimnis
Kilometersteine – Ein Rechenfehler?　　　121

34. Geheimnis
Steinrad – Eine pfiffige Idee!　　　124

Schluchsee

35. Geheimnis
Schwimmsperre – Warum der See nicht überschwappt　　　127

Schopfheim

36. Geheimnis
Eichener See – Ein Gewässer, das spurlos verschwindet　　　130

Schwörstadt

37. Geheimnis
Heidenstein – Grab aus der Steinzeit　　　133

St. Georgen

38. Geheimnis
Bahnhof – Unterwegs mit der Schwarzwaldbahn　　　136

39. Geheimnis
St. Wendelins-Kapelle – Ruine erinnert an Reformation　　　140

Tiengen

40. Geheimnis
Chindlistein – Vergessener Dauergast im Fußballstadion　　　144

Titisee-Neustadt

41. Geheimnis
Titisee – Von versunkenen Städten und Seemonstern　　　147

Triberg

42. Geheimnis
Quelle – Barbara und das große Wunder … **150**

43. Geheimnis
Schwarzwälder Kirschtorte – So eine süße Leckerei … **154**

Villingen-Schwenningen

44. Geheimnis
Bärenfamilie – Einschusslöcher und eine Malzleitung … **160**

45. Geheimnis
Magdalenenberg – Von Grabräubern und Goldschätzen … **163**

46. Geheimnis
Metalltürchen – Mit dem Seilzug Alarm ausgelöst … **166**

47. Geheimnis
Steinköpfe – Auch Erwachsene streiten mal … **169**

48. Geheimnis
Uhren – Mal rot, mal grün, mal blau … **172**

Waldshut

49. Geheimnis
Waldshuter Männle – Ein Beutelchen sorgt für Verwirrung … **176**

Wolfach

50. Geheimnis
Bettelmännle – Blanker Hintern für die Bürger der Stadt … **179**

Die Autorinnen … **182**

Danksagung … **183**

Lösungen der Rätselfragen … **184**

Quellen, Literatur und Fotos … **185**

Stadtplan mit den Geheimnissen … **190**

Hey Leute,

kennt ihr das? Es ist Sonntagnachmittag, ihr würdet gerne was mit Euren Eltern unternehmen, aber alle Attraktionen in der Umgebung kennt ihr schon? Ihr möchtet gerne mal etwas Neues erleben? So ging es mir auch. Zum Glück hatten dann drei Frauen – Eva-Maria Bast, Manuela Klaas und Sabine Wienrich – und ich eine Idee: Wir machten uns auf die Suche nach Geheimnissen. Dabei haben wir nach eher unauffälligen Dingen Ausschau gehalten, an denen man jeden Tag vorbeiläuft. Ich kann Euch sagen, das war ganz schön spannend! Oder wisst ihr, warum eine Kröte mitten im Brustkorb eines Gerippes in Alpirsbach sitzt? Dass es am Hochrhein ein Fußballstadion gibt, in dem seit Jahrtausenden ein Hinkelstein wie

ein vergessener Gast mit Dauerkarte am Spielfeldrand steht? Und was ein steinernes Brötchen in Donaueschingen mit einer französischen Königin zu tun hat? Zum Schluss haben wir alle Geschichten aufgeschrieben. Jetzt könnt ihr losziehen und den Schwarzwald ganz neu entdecken. Das solltet ihr dabei haben: eine Taschenlampe, eine Lupe und Gummistiefel.
Und jetzt viel Spaß! 🙂

 Euer Lasse Lupe

Vorwort

Geheimnisvoll ist sie, spannend und immer wieder überraschend – eine Abenteuerreise. Eine Fahrt, während der man Überraschendes entdeckt, Neues erfährt und den Freunden dann davon erzählen kann. Wann wart ihr eigentlich das letzte Mal auf einer Abenteuertour?

Vermutlich kommt ihr jetzt ein wenig ins Grübeln, weil die letzten Ferien doch schon ein wenig her sind. Aber für echte Abenteuer muss man gar nicht weit weg fahren. Denn die spannendsten Geschichten gibt es bei uns zu Hause. Hier im Schwarzwald, in den vielen schönen Ortschaften, den Bergen, Schluchten und Tälern. Der Schwarzwald ist voll von Geheimnissen, die man entdecken und enträtseln kann. Eigentlich leben wir in einem richtigen Abenteuerland.

Wie Detektive sind Eva-Maria Bast und ihre Co-Autorinnen Manuela Klaas und Sabine Wienrich durch unsere Heimat gepirscht. Auf der Suche nach ganz besonderen Geschichten für Kinder. Nach Dingen, an denen man im Alltag vielleicht achtlos vorüber geht, obwohl sie aufregende Heimlichkeiten in sich tragen.

Alle, die an diesem Buch mitgewirkt haben, sind Eltern. Sie wissen ganz genau, dass ein Abenteuer am Wochenende lange in Erinnerung bleibt. Und so sind die Geheimnisse aus der Sicht von Kindern geschrieben – damit sie für Kinder spannend sind. Dieses Buch ist eine Schatzkarte für Familien. Sie führt den Weg zu den

„Kindergeheimnissen der Heimat". Sie sind schnell zu erreichen und liegen abseits des üblichen Ausflugstrubels.

Übrigens hat Eva-Maria Bast auch schon Geheimnisse für Große entdeckt. 2010 trug sie für den SÜDKURIER die ersten „Geheimnisse der Heimat" zusammen, damals für die Stadt Überlingen. Aus einer Zeitungsserie wurde ein Buch, Bücher für die Städte Konstanz und Villingen-Schwenningen, Donaueschingen und Friedrichshafen folgten. Zehntausendfach verkauften sich die Werke. Und 2012 wurde der SÜDKURIER für die Buchreihe „Geheimnisse der Heimat" mit dem Deutschen Lokaljournalistenpreis in der Kategorie Geschichte ausgezeichnet, dem wichtigsten Preis für deutsche Zeitungsmacher. Ihr seid also nicht die Ersten, die den „Geheimnisse der Heimat" nachspüren.

Ich wünsche euch viel Spaß während unserer Abenteuerreise im Schwarzwald. Nehmt doch eure Eltern einfach mit!

Herzlichst Euer

Stefan Lutz
SÜDKURIER
Chefredakteur

Alpirsbach

Geheimnis
01

Grabplatte
Kröte verschluckt! Oder: So ein Quak!

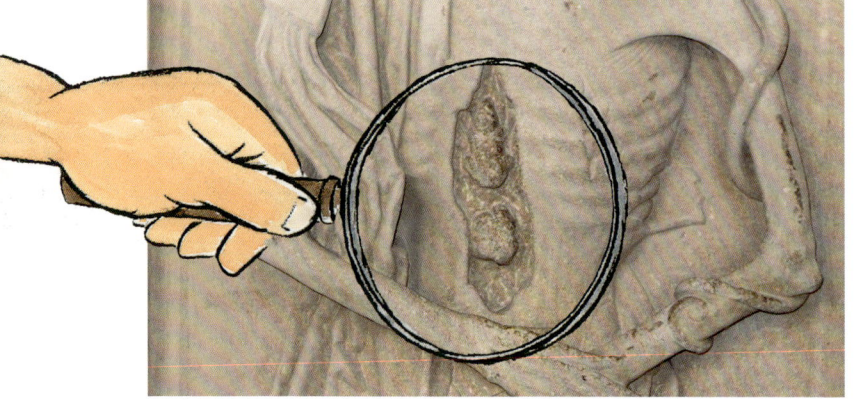

Die Kröte im Brustkorb des Abts.

Ihr habt bestimmt schon mal jemanden sagen hören: „Oh je, jetzt habe ich einen Frosch im Hals." Damit ist gemeint, dass man ganz heiser ist, sich ständig räuspern muss und keinen richtigen Ton herausbringt. Das passiert jedem einmal und ist nicht weiter schlimm. Es handelt sich dabei ja auch nicht um einen richtigen Frosch, man hat einfach nur das Gefühl, dass irgendetwas beim Sprechen stört. Schließlich kann man nicht so einfach einen ganzen Frosch verschlucken. Kann man nicht? Vielleicht doch!

Gehen wir der Sache einmal nach: Vor rund 500 Jahren leitete ein Abt mit dem Namen Alexius Barrenfurer das Kloster Alpirsbach. Ihr könnt euch das Abbild des Mannes sogar heute noch anschauen. Natürlich nicht den lebendigen Abt, aber es gibt eine Grabplatte, auf der Abt Alexius abgebildet ist. Sie befindet sich an der Westwand, in der Nähe des Kirchenportals. Auf der Grabplatte sieht Alexius gesund und wohlgenährt aus. Seltsamerweise fehlt das Todesdatum, der Platz wurde einfach freigelassen.

Auch das Spruchband oben in der Mitte ist leer. Daraus schließen die Fachleute, dass Alexius die Tafel als eine Art Denkmal schon vor seinem Tod anfertigen ließ.

Aber was hat das alles mit einem Frosch zu tun? Nun ja, Abt Alexius hat nicht nur *eine* Grabplatte. Am anderen Ende der Kirche, links vom Hauptaltar, ist noch eine zweite in die Wand eingelassen. Darauf ist ein etwas unheimliches Gerippe zu sehen, in dessen Brustkorb ein Frosch sitzt. Wenn man genauer hinsieht, ist es allerdings gar kein Frosch, sondern eine Kröte. Eine Kröte hat nämlich viel kürzere Beine und einen plumperen Körper als ein Frosch. Doch egal ob Frosch oder Kröte – warum befindet sich in dieser knöchernen Brust überhaupt ein Tier?

Der Legende nach soll Abt Alexius an einem heißen Sommertag eine kleine Wanderung unternommen haben. Dabei kam er auch an der Karlsquelle vorbei, die zu Fuß etwa eine Viertelstunde vom Kloster entfernt liegt. Um seinen Durst zu löschen, trank er von dem Quellwasser – und verschluckte dabei unbemerkt ein Krötenei. Das Ei wuchs in seinem Magen zu einer Kröte heran, die so viel Hunger hatte, dass sie Alexius von innen her auffraß. Daran soll der Abt schließlich am 23. Januar 1523 gestorben sein.

Seht euch doch die Grabplatte mit dem Gerippe einmal ganz genau an: Es gibt dort nämlich noch ein weiteres Tier zu entdecken: Um den linken Arm des Skeletts windet sich eine Schlange. Was genau hat das zu bedeuten? Reicht es nicht, dass im Inneren des Abts eine Kröte ihr Unwesen trieb? Biss ihn zusätzlich auch noch eine Schlange? Nein, ganz so wörtlich darf man es nicht nehmen. Denn sowohl Schlange als auch Kröte gelten als Symbole für die Vergänglichkeit des Lebens – also für den Tod – was bei der Kröte im Falle des Abts sogar im doppelten Sinne zutraf.

Unklar ist, aus welchem Grund Alexius das Kloster überhaupt verließ. Die einen sagen, er habe bloß einen ganz normalen Spaziergang gemacht. Andere meinen, dass ihm das Klosterleben zu viel geworden sei und er sich mit seiner Spritztour eine kleine Auszeit – wie man heute sagen würde – von seinen Mitbrüdern und den strengen Regeln nehmen wollte.

So steht es zumindest in einem Gedicht des Gymnasiallehrers Jakob Bitzer: „Den (Abt) lüstet's wieder nach der Welt / Er ging vom Kloster fort / (…) / An einen fernen Ort. / Der Tag war heiß. / Wie rann ihm doch der Schweiß! / In seinem Durste trinkt er schnell / Und legt sich hin zur Ruh. / Und träumt gar schwer. / Sein Leichtsinn reut ihn sehr."

In diesem Falle wäre es auch denkbar, dass die Schlange der Grabplatte als Symbol der Verführung beigefügt wurde, da sich der Abt zu einem Ausflug außerhalb der Klostermauern hinreißen ließ. Und die Kröte? Steht sie als eine Art Denkzettel für seinen Ungehorsam? Etwa im Sinne von „Diese Kröte musst du schlucken", was so viel bedeutet wie: Mit dieser Unannehmlichkeit musst du dich abfinden?

Ob das Krötenei in seinem Bauch tatsächlich eine Strafe für seinen Leichtsinn oder lediglich ein dummer Zufall war, wird wahrscheinlich für immer ein Geheimnis bleiben. Eines jedoch ist ziemlich sicher: Abt Alexius hätte bestimmt nicht gedacht, dass sein kleiner Ausflug solch schlimme Folgen haben würde.

Manuela Klaas

> **So geht's zur Grabplatte:**
>
> Wenn man die Klosterkirche durch das Hauptportal betritt, befindet sich die zweite Grabplatte links neben dem Eingang. Die Klosterkirche steht am Klosterplatz 1.

Was macht den Unterschied der Eiablage zwischen Fröschen und Kröten aus?

a) *Frösche laichen nur einmal im Leben, Kröten jedes Jahr.*
b) *Die Eiablage der Kröten besteht aus Schnüren, Frösche laichen Klumpen.*
c) *Kröten laichen in stehenden, aber Frösche in fließenden Gewässern.*

Alpirsbach

Register
Von Flöten und Pfeifen

Geheimnis
02

Die „Alpflöte" gibt es als Register nur in der Alpirsbacher Klosterkirche.

Wisst ihr, was das größte und lauteste Instrument ist? Richtig: die Orgel! Ihr Klang reicht von donnernd lauten bis zu ganz leisen, sanften Tönen und hat an Tiefe und Höhe mehr Umfang als alle anderen Instrumente. Diesen eindrucksvollen Klang bekommt die „Königin der Instrumente", wie man die Orgel auch nennt, durch die vielen verschiedenen Pfeifen, die beim Spielen zum Klingen gebracht werden. Das Besondere an einer Orgel ist, dass man auf ihr zahlreiche andere Musikinstrumente, ja, sogar ein ganzes Orchester nachmachen kann. Manchmal klingt sie wie eine Trompete, dann wieder wie eine Geige oder eine Posaune. Sicher habt ihr in Kirchen schon einmal Orgeln gesehen. In der Klosterkirche Alpirsbach steht aber eine ganz besondere. Mit ihren eingekerbten Holzelementen und den langen Metallpfeifen wirkt sie wie ein riesiges Kunstwerk. Deshalb nennen die Alpirsbacher die zwölf Meter hohe Klangsäule auch Orgel-Skulptur. Wenn ihr euch die Orgel genau anseht, entdeckt ihr die vielen weißen Knöpfe links und rechts von den Manualen, also den Tasten, am Spieltisch. Auf diesen Knöpfen, auch Registerzüge genannt, stehen die verschiedenen Instrumente, deren Klang die Orgel hervorbringen kann. Der Organist, der die Orgel spielt, kann vom Spieltisch aus verschiedene Register – so nennt man eine Reihe von Pfeifen gleicher Klangfarbe – ziehen. Die Pfeifen desselben Registers unterscheiden sich wegen ihrer verschiedenen Tonhöhe in der Länge voneinander.

Lest doch einmal ganz aufmerksam die Namen der Instrumente auf den Registerköpfen: Vielleicht entdeckt ihr selbst das Geheimnis, das dieses große und mächtige Instrument in sich birgt und das auch die meisten Alpirsbacher nicht kennen! Links neben dem Spieltisch befindet sich auf einem Knopf in der Mitte der zweiten Reihe nämlich der Name eines Instruments, das es eigentlich gar nicht gibt: „Alpflöte". Bei diesem Register handelt es sich um die zwei Pfeifenreihen, die links und rechts waagerecht aus der Orgel herausragen. Es gibt in dieser Orgel auch ein Register „Flöte", aber „Alpflöte"? Hat sich da vielleicht jemand nur verschrieben? Nein. Das Ganze ist eine Idee des Orgelbauers Claudius Winterhalter: Er wollte mit diesem Register eine besondere Verbindung zu Alpirsbach aufzeigen. Und so nannte er mit einem kleinen Augenzwinkern dieses besondere Register „Alpflöte". Die Alpirsbacher Orgel hält neben der Alpflöte noch eine weitere Überraschung bereit: Sie kann schweben! Eine schwebende Orgel? Nanu! Nun ist es natürlich nicht so, dass die Orgel-Skulptur wie ein übergroßer Engel durch die Kirche schwebt. Nein, die meiste Zeit steht sie fest in einer Nische im Südschiff der Kirche. Wenn aber ein Konzert gegeben werden soll, dann schwebt die zwölf Meter hohe Orgel wie von Zauberhand geführt ganz langsam aus ihrer Parkposition in die Mitte der Kirche und kommt vor dem Altar zum Stehen. Hier ist die Akustik am besten und die Orgel entfaltet ihren vollen Klang. Doch wie kann dieses große

Instrument überhaupt schweben? Eine Orgel ist schwer, sie wiegt mehrere Tonnen, da kann sie sich doch nicht so einfach durch die Kirche bewegen. Stimmt. Aber die Alpirsbacher Orgel steht auf einem Podest – das ist ein stählerner Unterbau – in dem zwölf Luftkissen versteckt sind. Diese Luftkissen werden von einem großen Baukompressor, der extra ausgeliehen werden muss und immer vor einem Konzert außerhalb der Kirche aufgestellt wird, über einen Schlauch mit Druckluft befüllt. Jedes der zwölf Luftkissen sieht unter Druck aus wie ein Schwimmring von der Größe einer Schwarzwälder Kirschtorte. Im Prinzip arbeitet der Kompressor genauso wie die Luftpumpe, mit der ihr im Sommer eure Luftmatratze aufpumpt: Er saugt an einer Stelle Luft an, um sie an anderer Stelle wieder freizugeben. Dadurch wird die 17 Tonnen schwere Orgel um einige Millimeter angehoben. In den Luftkissen sind Schlitze eingebaut, durch die die Luft ausströmen kann. Auf dieser überquellenden Luft schwebt die Orgel.

> **So geht's zur Orgel:**
>
> Die Orgel befindet sich in einer Nische im Südschiff der Klosterkirche. Diese steht am Klosterplatz 1.

Nun ist so ein Luftkissen aber nicht einfach zu steuern. Deshalb wird auf dem Boden der Kirche eine Führungsschiene verankert. Außerdem werden zwei Kunststoffbahnen ausgelegt, da der alte Sandsteinboden der Kirche uneben ist. In Bewegung kommt die Orgel durch zwei ebenfalls mit Luftdruck arbeitende Motoren. Zischend gleitet sie dann auf einem Luftfilm von nur einem Millimeter Dicke vor den Altar, wo sie gedreht wird, damit die Besucher im Kirchenschiff sie von vorne sehen und hören können. Dass das alles sehr langsam geschehen muss, könnt ihr euch bestimmt denken. Denn würde die Orgel wie ein Rennwagen durch die Kirche sausen, würde sie garantiert umkippen. Darum bewegt sie sich in etwa mit der Geschwindigkeit, mit der sich auch eine hungrige Kuh auf der Weide vorwärts frisst. Alles in allem dauert die Verschiebung dieses riesigen Instruments eine Viertelstunde.

Habt ihr schon einmal darüber nachgedacht, wie man eine Orgel zum Klingen bringt? Hierfür erzeugt ein großes Gebläse einen Luftstrom – die Fachleute nennen ihn auch Wind – der dann in eine Windlade gepustet wird. Bei dieser Windlade handelt es sich um einen großen Kasten im Innern der Orgel, auf dem die Pfeifen stehen. Durch die Öffnung eines Ventils verbindet die Windlade die Mechanik der Tasten und Pedale mit der Luft und den Pfeifen. Verwendet der Organist nun ein Register, indem er an dem betreffenden Knopf zieht, so verschiebt er hinten in der Orgel eine Holzplatte mit runden Löchern. Diese Holzplatte nennt der Orgelbauer „Schleife". Bei dem gezogenen Register liegen nun die Löcher direkt unter den Pfeifen des Registers, sodass die Luft durchziehen kann. Die Pfeife erklingt, wenn die entsprechende Taste gedrückt wird. Schiebt der Organist das Register wieder hinein, dann versperrt die „Schleife" dem Wind den Weg zur Pfeife.

Übrigens: Wenn ihr bereits Klavierspielen könnt, dann fällt euch das Orgelspielen bestimmt nicht mehr ganz so schwer. Wie beim Klavier gibt es bei der Orgel schwarze und weiße Tasten. Allerdings haben die meisten Orgeln gleich mehrere solche Manuale übereinander. Das sieht ein bisschen so aus, als hätte jemand viele Klaviertastaturen aufeinandergestapelt. Fragt doch bei euch in der Kirche einmal nach: Vielleicht dürft ihr gemeinsam mit dem Organisten das Spiel auf der Orgel selbst ausprobieren.

Manuela Klaas

Welche Besonderheit gibt es in der Brauerei, die sich direkt gegenüber der Klosterkirche befindet?

a) ein Bierbähnle
b) einen Keller, in dem Bierkäse reift
c) eine Bierpipeline

Bad Dürrheim

Bohrtürme 9 und 10
Salz aus dem Schwarzwald

Geheimnis 03

Wie Zwillinge: Einst gab es elf Bohrtürme in der Badischen Staatssaline Dürrheim, heute stehen nur noch vier, zwei davon in der Luisenstraße.

Vorweg ein kleines Experiment: Wir füllen einen Liter Wasser in einen großen Kochtopf und schütten einen Esslöffel Salz (das sind etwa 15 Gramm) dazu. Jetzt denkt ihr sicher, wir wollen Nudeln kochen, stimmt's? Wir lassen das Wasser so lange kochen, bis es verdunstet ist. Das Wasser ist weg – aber das Salz ist noch da. Und zwar genau so viel, wie wir reingeschüttet haben, nämlich ein Esslöffel voll. In Bad Dürrheim kann man für dieses Experiment ein ganz besonderes Wasser verwenden, das bereits gesalzen ist. Hier befindet sich nämlich in 200 Metern Tiefe ein großer Salzstein, und wenn der sich durch Wasser löst, entsteht eine Salzlake, die Sole. Setzt man einen Liter Sole auf den Herd, bleiben nach der Verdunstung des Wassers ganze 250 Gramm Salz übrig! Das sind fast 17 Esslöffel – oder zweieinhalb Tafeln Schokolade! Ist das nicht erstaunlich? Man nennt diesen Vorgang Sieden – und genau das wurde bis in die 1970er-Jahren in der Saline Bad Dürrheim gemacht. Dort gewann man auf diese Weise nämlich tonnenweise Speisesalz, das in die ganze Welt verschickt wurde.

> **So geht's zu den Bohrtürmen:**
>
> Die Türme stehen in der Luisenstraße, in Fußnähe zum heutigen Kurpark.

Heute ist von der einst riesigen Salzfabrik, die zwischen 1823 und 1826 erbaut wurde, nicht mehr viel übrig. Als die Produktion aus wirtschaftlichen Gründen 1972 nach 150 Jahren eingestellt wurde, hat man die meisten Bauwerke abgerissen und die Maschinen abgebaut. In der Luisenstraße steht jedoch noch ein seltsames Gebäude. Das mit Holzschindeln bedeckte Haus stammt aus dem Jahr 1897 und ist denkmalgeschützt. Auffällig sind die beiden hohen Türme links und rechts, das sind die Bohrtürme 9 und 10. Elf Stück waren in Betrieb, nur eines – Bohrloch 11 – wird heute noch verwendet. Doch woher kommt das Salz? Und wie musste man es verarbeiten, bis es als Speisesalz im Nudelwasser landen konnte?

„Der in Bad Dürrheim angebohrte Salzstock dehnt sich von Bad Friedrichshall über Heidelberg bis in die Nordschweiz aus", erklärt Karl-Heinz Hornberger, stellvertretender Vorsitzender des Geschichts- und Heimatvereins Bad Dürrheim. Dieser Stein wird in Salinen, also Salzfabriken, mit Hilfe von Quellwasser aufgelöst – so entsteht die Sole, die in Bad Dürrheim 25 bis 27 Prozent Salzgehalt hat. Anfang des 19. Jahrhunderts galt Salz als das „weiße Gold", weil es für viel Geld aus Bayern nach Baden gebracht werden musste. Großherzog Ludwig von Baden wollte selbst Salz herstellen – und ließ deshalb überall auf badischem Staatsgebiet Bohrungen durchführen. So auch in Bad Dürrheim, das damals nur Dürrheim hieß, weil es noch ein kleines Bauerndorf und keine größere Kurstadt war. Am 25. Februar 1822

Bad Dürrheim

stießen die Ingenieure im Hindenburgpark in 345 Fuß (120 Meter) Tiefe auf einen etwa 35 Meter dicken Salzstein. Großherzog Ludwig ließ eilig eine Anlage errichten, mit der man das Salz aus dem Boden holen konnte: die Badische Staatssaline in Dürrheim, auch Ludwigssaline genannt. Das kleine Bauerndorf wurde zu einer der größten Salzproduktionsstätten in Baden.

Man baute meistens zwei Bohrtürme, also Zwillingstürme, damit immer einer in Betrieb bleiben konnte, falls der andere ausfiel. Unter den Bohrtürmen waren die Löcher, die 200 Meter tief in die Erde gebohrt wurden. Darin steckte ein großes Rohr, das in die Tiefe reichte. Und in diesem befand sich wiederum noch ein schmaleres Rohr mit einem geringeren Durchmesser. „Für die Salzgewinnung war Quellwasser nötig", berichtet Heimatforscher Hornberger, „und dieses Quellwasser wurde durch das große Rohr nach unten gepumpt. Dort löste es das Salz vom Stein ab und so entstand Sole. Die wurde durch das kleine Rohr wieder hochgezogen." Die trübe Lake landete in großen Behältern. Im Siedehaus fand dann genau das statt, was wir zu Beginn bei unserem Experiment gemacht haben: Das Wasser kochte in Pfannen so lange, bis es verdampft war – und das Salz übrig blieb. Nun musste es nur noch gereinigt, veredelt, verpackt und verschickt werden – und schon landete es tatsächlich in den Kochtöpfen und machte das Essen schmackhafter!

Sabine Wienrich

Was passiert mit dem Salzwasser aus Bohrloch 11?

a) es landet in den Kochtöpfen der Schul- und Kindergartenküchen
b) es wird zum Toten Meer gebracht
c) es kommt in die Schwimmbecken der Therme „Solemar"

Tipp: Leckt euch beim Baden in Bad Dürrheim mal über die Zunge. Schmeckt ihr es?

Bad Dürrheim

Geheimnis 04

Pavillon Kohlermann
Mit Sophie Scholl im Kindergarten

Der Jugendstil-Pavillon am Ende der Sonnenstraße erinnert an das einstige Kinderheim Kohlermann."

Kennt ihr Sophie Scholl? Nein? Ihre Geschichte ist eine sehr traurige. Eine Geschichte, die zeigt, wie grausam Menschen zu anderen Menschen sein können. Es ist aber auch eine Geschichte, die Mut macht. Mut, Dinge zu hinterfragen, die einem nicht gefallen, die man nicht versteht. Sophie Scholl lebte in einer Zeit, die man Nationalsozialismus (1933–1945) nennt. Vielleicht haben eure Großeltern oder Eltern euch schon von diesem dunklen Kapitel der deutschen Geschichte erzählt? Ein Mann namens Adolf Hitler regierte Deutschland. Millionen Menschen starben, im Krieg und im Holocaust, also durch den Völkermord an Juden. Viele wurden auch getötet, weil sie eine andere Herkunft hatten, gegen nationalsozialistische Gesetze verstießen oder einfach nicht an Adolf Hitler glaubten. So auch die junge Sophie Scholl. Als die Studentin aus München 1943 hingerichtet wurde, war sie gerade mal 22 Jahre alt.

Sophie Scholl war gegen Adolf Hitler und seine Vernichtungspolitik und schloss sich deshalb gemeinsam mit ihrem Bruder Hans der studentischen Widerstandsgruppe „Weiße Rose" an. Die junge Frau erstellte dort Flugblätter und verteilte sie. Auf ihnen war zu lesen, dass unschuldige Menschen sterben und deshalb der Zweite Weltkrieg beendet werden müsse. Sophie Scholl hatte großen Mut. Und sie hatte ein großes Herz für Kinder. Was wohl die wenigsten wissen: Die bekannte Widerstandskämpferin war gelernte Kindergärtnerin und hat 1940 einige Zeit im Kinderheim Kohlermann in Bad Dürrheim gearbeitet.

Das Kinderheim war, anders als der Name vermuten lässt, kein Haus für arme Waisenkinder, sondern die erste Privatklinik für erholungsbedürftige reiche Kinder. Heute würde man wohl eher Kurklinik dazu sagen. Seit 1911 wurden dort Kinder mit Atemwegserkrankungen, wie beispielsweise Asthma oder der Lungenkrankheit Tuberkulose, und Kinder, die zu dick oder zu dünn waren, behandelt. Mit frischer Luft und Solebädern (siehe Geheimnis 03) sollten die erschöpften Kinder innerhalb einiger Wochen wieder gesund und kräftig werden. Wer heute das Kinderheim Kohlermann sucht, wird es allerdings nicht mehr finden. 2003

> **So geht's zum Pavillon:**
>
> Vom Kurpark in die Waldstraße einbiegen. Der Pavillon steht an der Ecke Waldstraße/Sonnenstraße.

wurde das große Gebäude in der Sonnenstraße abgerissen. Dort steht nun ein Mehrfamilienhaus. Doch etwas erinnert noch an diesen Ort, an dem sich Hunderte Kinder erholten. Entdeckt ihr es? An der Straßenecke steht ein hübscher Jugendstil-Pavillon, der einst zum Haus Kohlermann gehörte.

„Im Sommer 1940 war Sophie Scholl vier Wochen lang als Kindertante in der Kurstadt", berichtet Heimatforscher Jürgen Kauth. Die damals 19-Jährige habe die kleinen Patienten vom Bahnhof abgeholt und mit ihnen auf dem Rasen gespielt. Kurz zuvor hatte die junge Frau eine Ausbildung am evangelischen Kindergärtnerinnen-Seminar in Ulm begonnen, und dafür brauchte sie ein Praktikum. So verschlug es sie in die bekannte Kurstadt Bad Dürrheim, in der es zu dieser Zeit rund 40 Kinderheime gab. Einige von ihnen beherbergten bis zu 300 Kinder gleichzeitig. Das Kinderheim Kohlermann war mit seinen 40 Betten eines der kleinsten Häuser. Es wurde 1911 von Major Otto Kohlermann und seiner ersten Frau Berta gebaut. Die beiden waren mit ihrem Kind in Bad Dürrheim zur Kur gewesen und fanden, dass die Sole zwar die Gesundheit eines Kindes verbesserte, die Kinder aber unter der Anonymität der großen Häuser leiden. Ihr Traum war es, ein Erholungsheim mit familiärem Charakter zu schaffen. Und so entstand weit außerhalb des bebauten Kurgebiets das Kinderheim Kohlermann, das recht bald einen sehr guten Ruf hatte und sogar Kinder aus Afrika, Sumatra und Shanghai aufnahm.

Fragt ihr euch, was die Kinder dort den ganzen Tag gemacht haben? Je nach Erkrankung bekamen sie Solebäder, das heißt, sie badeten in der Salzlake, die tief aus der Erde kommt, oder sie inhalierten den Dampf des Salzwassers. Draußen gab es Sonnenbänke, auf denen die Kinder ihren Mittagsschlaf hielten. Wenn sie etwas zu dick waren, bekamen sie viel Gemüse, Suppe und Obst. Und wenn sie zu dünn waren, durften sie viel Milch trinken. Übrigens gab es dort auch eine kleine Schule, und somit standen Unterricht und Hausaufgaben trotzdem auf dem Programm. Aber die Kinder bewegten sich auch viel, machten Gymnastik oder spielten Ball.

Und sie hatten viel Spaß mit den Kindergärtnerinnen, zum Beispiel mit Sophie Scholl. Der gefiel es übrigens in Bad Dürrheim anfangs überhaupt nicht. So schrieb sie an ihre Eltern, dass sie mit ihrem schwäbischen Dialekt im badischen Bad Dürrheim anecke und die Kinder sehr frech und verzogen seien. Auch die strenge Familie Kohlermann, also den Major und seine zweite Frau Luise, mochte sie zunächst gar nicht. Doch dann bemerkte sie, wie liebevoll Luise Kohlermann („Tante Line") die Kinder tröstete, herzte und umarmte. Für Sophie Scholl war dieser nette Umgang mit Kindern neu, denn sie war selbst in einem recht strengen Elternhaus aufgewachsen. Sie lernte in dieser Zeit, dass es wichtig ist, auf sein Herz zu hören. Und dafür brauchte sie Mut. Vielleicht gab ihr die Zeit in Bad Dürrheim ja auch ein bisschen von dem großen Mut, den sie wenige Jahre später aufbrachte, als sie sich gegen Adolf Hitler und sein menschenverachtendes Regime auflehnte.

Sabine Wienrich

? Warum gibt es in Bad Dürrheim eine Bahnhofstraße, aber keinen Bahnhof?

a) weil mal einer gebaut werden sollte, es aber dann doch nicht passierte
b) weil man keinen besseren Straßennamen wusste
c) weil es von 1904 bis 1966 einen Bahnhof für die Salzfabrik gab

Tipp: Schaut euch mal im Heimatmuseum um! Dort findet ihr einige alte Fotos.

Bad Dürrheim

Geheimnis 05

Salinensee
Champagner und Sonnenöl

Wo sich ganz Bad Dürrheim einst im Strandbad vergnügte, baden heute Enten. Das Schwimmbad wurde dicht gemacht.

Diese Geschichte führt uns in die 1920er-Jahre. Nach dem Ersten Weltkrieg gab es in Deutschland noch viel Armut und Not. Das Geld wurde wertlos und die politischen Verhältnisse waren unsicher. Doch das änderte sich recht bald. Zwischen 1924 und 1929 feierten die Menschen den wirtschaftlichen Aufschwung und die demokratische Weimarer Republik. Sie durften ihre politischen Abgeordneten in den Reichstag wählen, mussten nirgendwo kämpfen und genossen einfach das Leben. Was muss das für eine aufregende Zeit gewesen sein! Man besuchte Cafés, Theaterstücke und Kunstausstellungen. Das Leben war leicht und lustig – und man tat alles, was Spaß macht.

Das war auch in der jungen Kurstadt Bad Dürrheim so, die sich dank der großen Salzfabrik (siehe Geheimnis 03) vom kleinen Bauerndorf zum weltoffenen Ferienort entwickelt hatte. Und so eine Kurstadt, in der sich die Großstädter von ihrem stressigen Alltag erholen sollten, brauchte auch einen standesgemäßen Treffpunkt. Einen Ort, an dem das Leben pulsiert, an dem man sich verabreden kann, um die neueste Mode aus Berlin und Frankfurt zur Schau zu tragen – und ein bisschen Spaß zu haben.

Diesen einstigen Treffpunkt der Schönen, Reichen und Jugendlichen in den Goldenen Zwanzigern muss man heute suchen. Denn viel mehr ist nicht von ihm übrig als ein idyllisch gelegener Weiher am Rand von Bad Dürrheim: der Salinensee. Inzwischen wirkt er eher wie ein Ententümpel als wie ein Ort des Vergnügens und Genusses.

Hier sieht man die alte Sperrzone für den Bootsbetrieb.

Jetzt stellt euch mal auf die kleine hölzerne Seebühne und schließt die Augen. Versetzen wir uns für einen Moment in das Jahr 1929, kurz nachdem hier das Strandbad Salinensee eröffnet wurde, in dem Einheimische und Gäste ihre Freizeit verbrachten. Hinter uns liegt die Badeanstalt, ein schmales Gebäude aus Holz, das aussieht wie ein U. In der Mitte steht ein mit Geranien verzierter Pavillon, der Eingang. Da, seht ihr? Links und rechts sind die Umkleidekabinen! Wie lustig die Bademode damals aussah! Hmm, riecht ihr das? Es duftet nach Vanilleeis und Sonnenöl. Am Ufer spielen Kinder, manche haben sich heimlich ins Bad geschmuggelt, weil sie kein Geld für den Eintritt hatten. Dabei kostete es doch damals nur ein paar Pfennige, so hieß das Kleingeld in Deutschland, als es noch keinen Euro gab. Im Wasser üben einige Kinder Brustschwimmen. Und da! Ein Ruderbötchen auf dem See, wie romantisch!

Gehen wir wieder ein Stück weiter. Am Ende des Sees gelangen wir zu einem größeren Gebäude, einst das Strandcafé, heute das Hotel am Salinensee. In den späten 1920er-Jahren war die große Sommerterrasse des Strandcafés stets proppevoll! Ein herrlicher Sommertag am Salinensee!

Heute gibt es hier weder ein Strandbad noch einen Bootsbetrieb. 1960 kamen immerhin noch 14.000 Badegäste im Sommer zu Besuch, aber dann stellte das Gesundheitsamt fest, dass die Wasserqualität sehr schlecht war. Es gab viele verrückte Ideen, wie Fachleute das ändern sollten, aber keine zündete richtig. Schließlich gab man das Strandbad 1967 auf – und ließ die hölzerne Badeanstalt abreißen. Das Bad war zu teuer und dadurch unwirtschaftlich geworden. Noch heute trauern viele Bad Dürrheimer Sonnenanbeter und langjährige Kurgäste dem Strandbad hinterher. Dann stellen sie sich auf die kleine Seebühne, schließen wehmütig die Augen und sind in Gedanken mitten im Gewühl der einstigen Vergnügungsstätte.

Sabine Wienrich

> **So geht's zum Salinensee:**
>
> Auf der Schwenninger Straße geht es rechts ab in Richtung Salinensee.

Wie heißt der Bad Dürrheimer Salzgeist, ein kleiner Kobold, der an der Fasnacht herumgeistert?

a) Hans-Jockele   *b) Sven-Ole*   *c) Merk-Michele*

Tipp: Schaut euch mal im Narrenschopf um.

Bad Säckingen

Betonpfeiler
Explosive Grenze

Geheimnis 06

Die Betonpfeiler der Holzbrücke bargen lange Jahre ein explosives Geheimnis.

„Hallo, Schweiz!" Wer am Rheinufer der deutschen Stadt Bad Säckingen steht, kann den Nachbarn aus der schweizerischen Gemeinde Stein zuwinken. Der Rhein trennt diese beiden Orte zwar, aber eine 203 Meter lange Holzbrücke verbindet sie wieder miteinander. Auf ihr könnt ihr gemütlich über die Deutsch-Schweizer Grenze spazieren. Diese Verbindung zwischen den beiden Ländern gibt es bereits seit knapp 750 Jahren. Natürlich ist die heutige Brücke nicht mehr das Original von 1272. Hochwasser und Kriege haben die längste gedeckte Holzbrücke Europas in all den Jahren immer wieder zerstört und sie musste mehrmals neu aufgebaut werden. Kaum zu glauben, dass das Wahrzeichen der Stadt Bad Säckingen jahrzehntelang ein explosives Geheimnis in sich trug, das erst im Herbst 2014 bekannt wurde!

Die Brücke steht auf Betonpfeilern. Irgendwie wollen die allerdings nicht so recht ins altertümliche Bild passen. Die restliche 3,4 bis 5 Meter breite Tragkonstruktion ist nämlich komplett aus altem Eichen- und Fichtenholz. Und die Betonpfeiler sehen viel neuer aus als das Holz. Sind sie auch, denn als die Brücke gebaut wurde, benutzte man dafür keinen Beton, sondern Steine. Beton besteht übrigens aus geschmolzenem Ton und Kalk und wurde schon von den Römern zum Bauen verarbeitet. Während des Mittelalters geriet er in Vergessenheit und wurde erst im 19. Jahrhundert wieder entdeckt. Seither ist er zum wichtigsten Baustoff geworden. Bei der Bad Säckinger Brücke hat man Beton erst im 20. Jahrhundert verwendet, denn bis 1963 stand sie auf gemauerten Pfeilern aus Stein, die flach gegründet waren. Das bedeutet, dass sie nur oberflächlich im Flussbett des Rheins steckten. Die Erbauer konnten die Stützen früher nicht tiefer in den Untergrund des Rheins rammen, da sie keine entsprechenden Maschinen und Werkzeuge dafür hatten. In den 1960er-Jahren wurde jedoch in Bad Säckingen ein neues Kraftwerk gebaut und dadurch sank der Wasserspiegel um mehr als drei Meter. Die Flusssohle wurde vertieft. Zwischen 1960 und 1963 ersetzten Ingenieure die alten aus Stein gemauerten Pfeiler durch tiefer gegründete Betonteile. Damals ahnte wohl noch niemand, was nur wenige Jahre später mit den neuen Pfeilern passieren würde ...

Die Tragkonstruktion ist aus altem Eichen- und Fichtenholz.

In dieser Zeit herrschte der „Kalte Krieg" (1947–1989). So nennt man den Konflikt zwischen den Westmächten, allen voran den USA, und dem Ostblock unter der Führung der Sowjetunion, die es heute nicht mehr gibt. Vielleicht habt ihr schon von der Deutschen Demokratischen Republik, der DDR, gehört? Das, was man heute Ostdeutschland nennt, war bis 1989 ein eigener Staat. Der westliche Teil Deutschlands gehörte zur Bundesrepublik Deutschland. Auf der Grenze stand eine meterhohe Absperrung, die beide Länder strikt voneinander trennte. Das ist heute schwer vorstellbar, nicht? Denn der Kalte Krieg ist vorbei, die Sowjetunion zerfiel, der größte Teil davon ist das heutige Russland. Und seit der Deutschen Einheit 1990 gibt es keine Grenzanlagen und Mauern mehr in Deutschland, weil die Länder der ehemaligen DDR der Bundesrepublik beigetreten sind. Doch was hat die Teilung Deutschlands mit den Pfeilern der Holzbrücke in Bad Säckingen, tief im Süden, dicht an der Schweizer Grenze zu tun?

So geht's zu den Betonpfeilern:

Die alte Holzbrücke verbindet Bad Säckingen und Stein und ist nicht zu übersehen. Sie ist nur für Fußgänger und Fahrradfahrer geöffnet.

Die Schweizer hatten große Angst davor, dass der Kalte Krieg zu einem „heißen" Krieg werden und sowjetische Panzer in die Schweiz rollen könnten. Deshalb hatte die eidgenössische Armee Mitte der 1970er-Jahre eine Idee: Sie bestückte etliche Brücken entlang des Rheins mit Sprengstoff. Die Betonpfeiler der Holzbrücke in Bad Säckingen eigneten sich dafür hervorragend, da sie hohl sind. Und so befüllten die Soldaten zwei Pfeiler mit mehreren Hundert Kilogramm TNT, also hochexplosivem Sprengstoff. Im Ernstfall hätten Schweizer Soldaten Zündvorrichtungen angebracht und die Brücke gesprengt. Militärexperten berichten davon, dass es in der Schweiz rund 2000 Sprengfallen an Brücken, Straßen und in Tunneln gegeben hätte. Und auch in Deutschland waren Brücken während des Kalten Kriegs mit Sprengkammern versehen, allerdings war kein TNT darin. Das Ganze war natürlich streng geheim.

Auch in Bad Säckingen wusste bis zum Herbst 2014 niemand, welchen explosiven Inhalt zwei Betonpfeiler der alten Holzbrücke in sich trugen. Dann gab die Schweizer Armee überraschend bekannt, dass sie kurz zuvor Sprengstoff aus den Pfeilern entfernt hatte. Sie sagte auch, dass ohne die Zünder, die in Sicherheitsverwahrung waren, nie etwas hätte passieren können. Vielen Bad Säckingern und Steinern wurde es trotzdem etwas mulmig. Schließlich waren sie seit vielen Jahrzehnten über diese explosive Grenze zu ihren Nachbarn spaziert, ohne etwas von der möglichen Gefahr zu ahnen! Jetzt können sie die Brücke mit dem guten Gefühl benutzen, dass die Gefahr, von der sie nichts wussten, nicht mehr besteht.

Sabine Wienrich

Welches der meistgelesenen Bücher Deutschlands spielt in Bad Säckingen?

a) *der Geiger von Säckingen*
b) *der Schlagzeuger von Säckingen*
c) *der Trompeter von Säckingen*

Tipp: Spaziert mal in den Park von Schloss Schönau. Dort seht ihr eine Statue der Hauptfigur!

Bad Säckingen

Gedenkstein
Inschrift gibt großes Rätsel auf

Die Inschrift auf dem Stein am Bergsee ist nur schwer zu erkennen. Ein Frauenname ist darauf verewigt.

Es ist ein wunderschöner Dezembertag. Karl Braun geht zur Mittagszeit am Bergsee spazieren. Die Sonnenstrahlen glitzern auf dem See. Der Bad Säckinger nimmt seinen üblichen Weg und biegt kurz nach dem Parkplatz am Ufer links auf einen schmalen Trampelpfad ein. Seit vielen Jahren schon geht der Heimatforscher diese Route rund um den Bergsee, meist mit der Fotokamera im Gepäck. Genaugenommen kennt er ihn wie seine Westentasche. Und deshalb bemerkt er die Veränderung sofort. „Normalerweise ist mein Blick nach links auf den See gerichtet", erzählt Karl Braun rückblickend, „aber an diesem Tag schaute ich nach rechts und sah, wie die Sonnenstrahlen auf einen Stein fielen. Da entdeckte ich die leichten Einkerbungen auf der Oberfläche." Schnell läuft er zu seinem Auto zurück und holt eine Wurzelbürste. Der zum See hin geneigte Stein ist zugewachsen und verwittert. Karl Braun schrubbt mit aller Kraft das Moos und die Flechten weg. „Ich sah, dass der Name einer Frau in den Stein geritzt war", erinnert sich der Hobbyhistoriker. Gemeinsam mit seinem ehemaligen Kollegen Gottlieb Burkart kann er wenige Zeit später die gesamte Inschrift entschlüsseln. Auf dem Stein steht: *„Anna Maria Brogli, Erst(geborene), 5.02.(19)08."* Doch damit ist das Geheimnis des mysteriösen Gedenksteins noch lange nicht gelüftet: Wer war diese Frau?

Der Bergsee fasziniert die Menschen seit Jahrhunderten.

Karl Braun und sein Kollege stellen Nachforschungen an. Sie stöbern in der „Familienchronik Bad Säckingen" von Helmut Faller und stoßen dabei auch auf Anna Maria Broglis Biografie. Sie war die älteste Tochter von Josef Brogli, der Anfang des 20. Jahrhunderts Gastwirt des Ausflugslokals am Bergsee war. Am 28. Oktober 1929 heiratete Anna Maria Brogli laut der Familienchronik Albert Heinrich aus Waldshut. Doch die beiden Heimatforscher wollen mehr erfahren als die Lebensdaten – und wenden sich an die Lokalredaktion des SÜDKURIER in Bad Säckingen. Dort gibt es einen Aufruf an die Leser: Wer kennt Anna Maria Brogli?

Tatsächlich meldet sich kurze Zeit später ein Nachfahre der Bad Säckinger Wirtstochter, ihr Großneffe Michael Brogli. Er erzählt der Zeitung, dass seine Großtante in Waldshut ein Geschäft für Herde und Heizungen hatte und schon vor einigen Jahren verstorben sei. Er habe gemeinsam mit ihr den Stein am Bergsee gesucht, ihn aber nie gefunden. Sie hätten offenbar an der falschen Stelle geschaut. „Ich könnte mir vorstellen, dass der Industrielle Otto Bally die Inschrift zu ihrer Geburt gemacht hat – so wie man heute Lebensbäume pflanzt", sagt Brogli dem SÜDKURIER. Bally sei ein enger Freund der Familie gewesen.

Gedenksteine zur Geburt kennt man vor allem aus Adelskreisen. Doch dass es so etwas zur Geburt einer gewöhnlichen Wirtstochter aus kleinbürgerlichen Kreisen gibt, wie Anna Maria Brogli eine war, ist bemerkenswert. „Wir wissen bis heute nicht, wer das veranlasst hat. Vielleicht war es der Vater, der sich so sehr über die Geburt seines ersten Kindes freute?", mutmaßt Karl Braun. Es gebe auch das Gerücht, dass die Inschrift aus einer lustigen Wettlaune am Stammtisch entstanden sei. Wer auch immer den Stein mit seiner Botschaft aufgestellt hat, er hat dafür gesorgt, dass Anna Maria Brogli dem Bergsee bleibend verbunden ist. Und manche Geheimnisse sind umso schöner, wenn sie auch Geheimnisse bleiben.

> **So geht's zum Gedenkstein:**
>
> Kurz nach dem Parkplatz am Bergsee biegt ein Trampelpfad am Ufer ab, nach rund 20 Metern seht ihr rechts den Stein.

Sabine Wienrich

Nach welcher Berühmtheit der Stadt ist ein Felsen, ganz in der Nähe des Steins am Bergsee, benannt?

a) nach dem deutschen Dichter Hugo Victor von Scheffel (Scheffelfelsen)
b) nach dem Fabrikanten Otto Bally (Ballyfelsen)
c) nach dem Jazztrompeter Menzel Mutzke (Mutzkefelsen)

Tipp: Geht mal in eine Buchhandlung und fragt nach!

Baiersbronn

Geheimnis 08
Gasthaus zum Löwen
Wie gut, wenn man Französisch spricht!

Zerbrochene Fenster, kaputte Wände: Das ehemalige Gasthaus zum Löwen ist stark verfallen.

Do you speak English? Englisch ist Weltsprache, und so kommt daran kaum jemand mehr vorbei. Man lernt es in der Schule, spricht es im Urlaub und braucht es bei der Arbeit. Und wie ist es mit Französisch? Parles-tu français? Französisch wird zwar auch in der Schule unterrichtet, trotzdem sprechen wesentlich weniger Menschen Französisch als Englisch. Viele Schüler wählen das Fach schnell wieder ab, weil ihnen die Sprache zu kompliziert ist. Das ist eigentlich sehr schade. Um sich auf der ganzen Welt gut verständigen zu können, ist es wichtig, dass man mehrere Sprachen spricht. Manchmal ist es sogar überlebenswichtig, wie die folgende Geschichte zeigt:

Jahrhundertelang war die Glasbläserei eines der bedeutendsten Handwerke im Schwarzwald. Auch im kleinen Baiersbronner Teilort Buhlbach arbeiteten bis zum Beginn des vergangenen Jahrhunderts viele Menschen als Glasmacher. Mehrere Generationen hindurch betrieb eine Familie namens Böhringer die Glashütte Buhlbach. Sie gab nicht nur den zugewanderten Glasmachern, sondern auch den einheimischen Holzhauern, Handwerkern und Fuhrleuten Arbeit. Im Laufe der Jahre wuchs um die Fabrik herum ein richtiges kleines Dorf: neben dem Gesteinsmahlhaus, der Scherbenwäscherei und dem Turbinenhaus entstanden mehrere Wohnhäuser und das Gasthaus zum Löwen. Nach getaner Arbeit trafen sich die Hüttenarbeiter im „Löwen", um ihren Durst zu löschen.

Doch eines Tages sollte dieses Gasthaus unerwünschten Besuch erhalten: 1797 durchstreiften Napoleons Soldaten die Wälder des Oberen Murgtals. Dabei eroberten sie die Röschenschanze, eine von mehreren Schanzenanlagen, die erbaut worden waren, um feindliche Truppen abzuwehren und die württembergische Landesgrenze zu verteidigen. Über die Schanze hinweg marschierten die Franzosen geradewegs den Berg hinunter zur Glashütte, um dort zu plündern. Angesichts der schwer bewaffneten Streitmacht verbarrikadierten sich die Buhlbacher angsterfüllt in ihren Häusern. Der Glashüttenbesitzer, Johann Georg Böhringer, der in seiner Jugend selbst Offizier gewesen war, stellte sich den Angreifern jedoch mutig in den Weg. Da er gut Französisch sprach, lud er die Truppen – listig wie er war – ins Gasthaus ein. Hier ließ er ihnen ein üppiges Mahl und reichlich

> **So geht's zum „Löwen":**
>
> Das Gebäude befindet sich auf dem Gelände des Kulturparks Glashütte Buhlbach im oberen Rechtmurgtal. Es ist an den Nordhang angelehnt und steht westlich des ehemaligen Turbinenhauses.

Wein auftischen. Es kam, wie es kommen musste: Die feindlichen Soldaten sprachen dem Wein reichlich zu und wurden mit der Zeit immer betrunkener. Als sie zu randalieren begannen, holte der schlaue Fabrikant Böhringer seinen Säbel und forderte die Offiziere zum Duell. Diese, weinbeseelt, schwankten jedoch so stark, dass sie nicht mehr richtig stehen, geschweige denn kämpfen konnten und die Aufforderung zum Duell ablehnten. Da jagte der Fabrikbesitzer sie allesamt davon.

Auch von der Seite sieht das alte Gasthaus ziemlich ramponiert aus.

Am darauffolgenden Tag waren die Wälder um die Glashütte abermals voll feindlicher Soldaten, sodass die Buhlbacher nun endgültig glaubten, ihr letztes Stündlein habe geschlagen. Schließlich war den Franzosen mit dem Hinauswurf eine große Schmach zugefügt worden. Doch weit gefehlt: Die Soldaten und Offiziere waren nur gekommen, um den mutigen alten Haudegen zu sehen, dem der Streich gelungen war, ihre Kameraden zu verjagen, und wollten ihm ehrfurchtsvoll die Hand schütteln.

Manuela Klaas

 Welches bekannte Märchen von Wilhelm Hauff spielt im Oberen Murgtal?

 *a) **Hans im Glück***
 *b) **Die kleine Meerjungfrau***
 *c) **Das kalte Herz***

Tipp: In dem Märchen kommt ein Glasmännlein vor.

Baiersbronn

Morlokhof
Gegen jede Krankheit ist ein Kraut gewachsen

Geheimnis 09

Der Morlokhof: Hier lebte und wirkte eine Wunderheilerfamilie.

Seid ihr schon einmal von einer Biene oder einer Wespe gestochen worden? Wenn ja, dann erinnert ihr euch bestimmt noch gut daran, dass die Stelle ganz fürchterlich brannte und anschwoll. Das kommt von dem Gift, das durch den Stachel in die Haut gespritzt wird. Aber mit Hilfe der Natur könnt ihr selber etwas gegen den Schmerz tun! Ihr nehmt einfach ein paar Blätter vom Spitzwegerich, der nahezu auf jeder Wiese wächst, legt sie aufeinander und verknotet sie. Dann reibt ihr den Knoten mit den Handflächen so lange, bis der Pflanzensaft austritt. Den Saft müsst ihr sofort auf dem Stich verreiben – und siehe da, alsbald lassen der Schmerz und die Schwellung nach!

Die Verwendung von Pflanzen zur Heilung hat eine lange Geschichte. Bei der schon über 5000 Jahre alten Gletschermumie „Ötzi", die 1991 in den Südtiroler Alpen entdeckt wurde, fand man einen mit Heilkräutern gefüllten Lederbeutel. Menschen, die mit Hilfe solcher Kräuter Kranken helfen, wieder gesund zu werden, nennt man Heilkundige.

Auch im Oberen Murgtal gab es bis Mitte des vergangenen Jahrhunderts Kräuterheiler. Auf dem Morlokhof im Baiersbronner Ortsteil Mitteltal wurde das Wissen um die alte Heilkunst in der Familie Morlok vom Vater auf den ältesten Sohn weitervererbt. Fünf Generationen der Morloks lebten auf dem alten Bauernhof, den Johann Georg Morlok 1789 errichtet hatte. Die Morloks waren eigentlich Sägewerker und Bauern. Doch gleichzeitig kannte man sie weit über die Grenzen Mitteltals hinaus als Wunderheiler, die sich um Mensch und Vieh kümmerten. Durch Verabreichen speziell angesetzter Tinkturen wurden auf dem Morlokhof große und kleine Gebrechen behandelt. Manche Rezepturen enthielten dabei bis zu zwölf verschiedene Kräuter.

Bei ihren Wald- und Wiesenmixturen verwendeten die Morloks vor allem Pflanzenteile wie Wurzeln, Rinden, Blüten und Blätter. Die Kräuter wurden sorgfältig ausgesucht und auf die Leiden der Kranken abgestimmt. So wussten die Pflanzendoktoren um die blutreinigende Wirkung von Löwenzahn und Brennnessel und dass die Ringelblume eitrige Wunden schnell heilen lässt. Das Öl der Ringelblume war auch Bestandteil der berühmten schwarzen Salbe, die die Morloks gegen Furunkel auftrugen. Die gesammelten Kräuter zermahlte der Morlok im Mörser und setzte sie dann in Alkohol an. Mit den Tinkturen tränkte er saubere Leintücher, die er den Patienten auf die Wunden legte. Immer gab er ihnen beim Abschied genaue Anweisungen zur Anwendung des Heilmittels mit auf den Weg. Manchmal half aber schon das Handauflegen auf eine schmerzende Stelle oder das Besprechen von Warzen. Aber das ist doch nun wirklich Aberglaube, werdet ihr jetzt vielleicht sagen und verächtlich den Kopf schütteln. Und da habt ihr nicht so ganz Un-

Die von den Handwerkern entdeckte Spanschachtel.

recht: Man muss halt schon daran glauben – oder wie der Morlok zu sagen pflegte: „Glauba miasset' er, ihr Tropfa."

Auch heute noch spielt in der Medizin das Vertrauen in eine verabreichte Arznei eine große Rolle. In manchen Fällen reicht schon allein der Besuch beim Arzt, damit der Patient sich besser fühlt. Denn das Wissen, dass der Doktor hilft, unterstützt die Heilung. Das war auch früher nicht anders. Doch die Morloks heilten nicht nur mit Kräutern und Tinkturen: Um böse Geister zu vertreiben und die Krankheit abzuwenden, rasselten sie mit Ketten oder bedienten sich alter überlieferter Zaubersprüche und Beschwörungsformeln. Dieses Ritual war vielen Menschen im Dorf unheimlich.

Die alten Fläschchen mit den Originaltinkturen der Morloks.

Und so kamen die Kranken mit scheuem Respekt, aber immer in der Gewissheit: Der Morlok wird helfen. Dabei wandten die Morloks oft ungewöhnliche Heilmethoden an: Manchen Patienten wurde eine lebendige Forelle auf den Bauch gebunden. Der kalte, glitschige Fisch blieb so lange dort festgezurrt, bis er nicht mehr zappelte. Wahrscheinlich wurden die Kranken durch diese zusätzliche Pein von ihren ursprünglichen Schmerzen abgelenkt oder vergaßen sie gleich ganz.

Dem Morlok wurden auch hellseherische Fähigkeiten zugeschrieben. So fragten die Bauern des Ortes um Rat, wenn ihnen eine Kuh oder das Schwein fortgelaufen war. Der Wunderheiler nahm dann seinen „Bergspiegel" zu Hilfe und wusste dank ihm genau den Ort zu benennen, an dem sich das entlaufende Vieh befand. Dieser Zauberspiegel musste jedoch zuvor geweiht sein: Dazu vergrub der Morlok eine Spiegelscherbe an einem Kreuzweg und wartete so lange, bis drei Hochzeiten, drei Leichenzüge und drei Taufen darüber hinweggezogen waren. Zum Ausgraben nahm er stets eine Maus oder eine Ratte mit, denn es hieß, der Erste, der in den magischen Spiegel blicke, würde sterben. Bis ins Jahr

1935 kamen die Menschen von nah und fern, um sich und ihren Tieren auf dem Hof helfen zu lassen. Die Morloks verweigerten diese Hilfe nie, war der Patient auch noch so arm. Wer kein Geld hatte, zahlte in Naturalien oder wurde umsonst behandelt.

Nach dem Tod des letzten „Wunderheilers" im Jahr 1940 lebten seine Erben noch bis zu Beginn der 1990er-Jahre auf dem Hof, danach standen die Gebäude leer. Bis heute wird dem Morlokhof etwas Mystisches und Unheimliches angedichtet und manch einer, der den Hof betritt, hat das Gefühl, nicht allein zu sein. Der Morlok ist immer noch da …

> **So geht's zum Morlokhof:**
>
> Der Hof befindet sich oben auf dem Berg am Ortsrand von Mitteltal.
> Die Originaltinkturen auf dem Dachboden können am Tag des offenen Denkmals besichtigt werden.

2003 kaufte ein ortsansässiger Hotelier den alten Hof. Als er den Auftrag erteilte, das Anwesen wieder herzurichten, entdeckten die Handwerker unter dem Dielenboden des Dachgeschosses eine versteckte Spanschachtel. Sie enthielt kleine Fläschchen mit Originaltinkturen und die dazugehörigen Rezepturen sowie über 130 handschriftliche Aufzeichnungen, Briefe, magische Formeln und Seiten aus gedruckten Arzneibüchern in lateinischer und hebräischer Schrift. Heute stehen diese Flaschen und Schriftstücke in sechs Glasvitrinen auf dem Dachboden des Hofes, direkt neben der Stelle, an der sie entdeckt wurden.

Wer weiß, vielleicht kommt ja irgendwann wieder ein Heilkundiger ins Obere Murgtal, der die alten Rezepturen zu neuem Leben erweckt!

Manuela Klaas

Welche besondere Attraktion hat das Naturbad Mitteltal?

a) schwarze Rutsche b) Sprungfelsen c) Kettenkarussell

Tipp: Taucht doch nach dem Besuch auf dem Morlokhof einfach mal im Naturbad Mitteltal ab.

Baiersbronn

Sankenbachwiesen
Fische – frisch gepflückt!

Geheimnis 10

Die Fische wurden aus dem Sankenbach auf die benachbarte Wiese geschwemmt.

Habt ihr schon einmal Fische gepflückt? Sicher nicht! Wie soll das auch gehen? Fische schwimmen schließlich im Wasser und wachsen nicht auf der Wiese. Man kann sie also nicht einfach wie Blumen pflücken. Kann man wirklich nicht? Kann man doch – oder konnte man, wenn man Anfang der 1960er-Jahre in den Wiesen des Sankenbachtals unterwegs war.

Damals befand sich, genau wie heute, oberhalb der Sankenbachwiesen ein kleiner Stausee. Die Idee zu diesem Stausee hatte vor vielen Jahren ein Forstdirektor mit Namen Fritz Engstler. Er fand es ungemein schade, dass die Karstseen rund um Baiersbronn ausgetrocknet waren. Was ein Karstsee genau ist, könnt ihr in Geheimnis 36 erfahren. Um nun den ehemaligen See wieder sichtbar zu machen, beabsichtigte der Forstdirektor, die Wasserfälle, die oben munter aus dem Berg hervorsprudelten, mit Hilfe eines Damms anzustauen. Er stieß mit seinem Vorschlag auf breite Zustimmung in der Bevölkerung und so wurde 1959 die Staumauer errichtet.

In dem aufgestauten See tummelten sich bald jede Menge Forellen, die die Forstleute dort ausgesetzt hatten. Allerdings war die Mauer fehlerhaft gebaut worden. Bei starkem Regen und während der Schneeschmelze wurde sie von Strömungen unterspült und bekam Risse. Eines Nachts geschah dann das Unglück: Der Damm hielt den gewaltigen Wassermassen nicht mehr stand und brach. Eine riesige Flutwelle mitsamt den im See lebenden Forellen ergoss sich durch das darunter liegende Tal. Sie überschwemmte auch den neben den Wiesen fließenden Sankenbach, in dem ebenfalls viele Bachforellen lebten. Die Fische wurden aus dem Bachbett heraus auf die Wiese geschwemmt – wo sich schon zahlreiche Artgenossen aus dem einstigen Stausee tummelten.

> **So geht's zu den Sankenbachwiesen:**
>
> Die Sankenbachwiesen mit dem angrenzenden Bach befinden sich unterhalb des Stöckerkopfs an der Sankenbachstraße. Parallel zum Bach führen zwei Wege zur Staumauer hinauf. Der Wasserfall befindet sich oberhalb des Stausees.

Da das Sankenbachtal sehr breit ist, versickerten die Wassermassen innerhalb weniger Stunden ins Erdreich. Übrig blieben die Forellen aus dem Bach, die zusammen mit ihren Artgenossen aus dem Stausee im Gras um ihr Leben zappelten. In Windeseile sprach sich die Nachricht von den gestrandeten Forellen im Ort herum, und die Kinder rückten mit Eimern an, um die Fische auf der Wiese an den Schwänzen wie Blumen zu pflücken und nach Hause zu tragen. Wie schrecklich muss es für die armen Bachforellen gewesen sein, nicht wieder im Sankenbach ausgesetzt zu werden, um weiterhin munter im Wasser zu schwimmen! Stattdessen landeten sie in den Pfannen der Baiersbronner Familien.

Seit diesem Ereignis gab es oberhalb des Sankenbachtals lange Zeit keinen Stausee mehr. Erst 1980 wurde eine zweite, stabilere Mauer gebaut und das Becken füllte sich wieder mit

Wasser. Heute ist der Sankenbachsee ein beliebter Treffpunkt zum Baden. Auch Hunderte von Fischen tummeln sich wieder im See. Zum Glück kennen sie das Schicksal ihrer Vorgänger nicht, sonst würden sie nicht so unbeschwert herumschwimmen!

Wenn ihr Lust habt, könnt ihr die Geschichte vom Dammbruch selbst einmal nachspielen. Dafür müsst ihr vom Stausee aus einen kleinen Zick-Zack-Pfad durch den Wald bis hinauf zu den Wasserfällen klettern, die sich ihren Weg in kleinen Rinnsalen in die Tiefe bahnen. Oben stoßt ihr dann auf einen Miniaturstaudamm aus Holz, der das herunterstürzende Wasser in einem kleinen Becken sammelt. Sobald ihr mit dem großen Holzhebel den Schieber öffnet, fällt das

Am kleinen Staudamm bei den Wasserfällen könnt ihr den Dammbruch selber nachspielen.

angestaute Wasser in die Tiefe. Genau wie damals – nur alles eine Nummer kleiner. Ach ja – und noch etwas: Fische gibt es hier oben keine, die müsstet ihr euch – um das Erlebnis vom Dammbruch originalgetreu nachzustellen – selber mitbringen.

Manuela Klaas

Welches Transportmittel führt von der Talstation bei den Sankenbachwiesen auf den Baiersbronner Hausberg, den Stöckerkopf?

a) Seilbahn   *b) Sessellift*   *c) Zahnradbahn*

Blasiwald-Eisenbreche

Geheimnis 11

Wilderer Lochheiri

Eine Mann, eine Legende

Der Wilderer Lochheiri schlich heimlich mit seiner Flinte durch die Wälder am Schluchsee und ist heute eine Legende.

Was für ein Kerl! Den Hut tief ins Gesicht gezogen, steht er da auf dem Vorhof eines Gasthauses in der kleinen Schluchsee-Gemeinde Blasiwald-Eisenbreche und stützt seinen schweren, starken, hölzernen Körper auf ein großes Jagdgewehr. Mit grimmigem Blick und langem Rauschebart beobachtet er die Gäste, die Angelika Wollenzien in ihrem Wirtshaus besuchen, das sogar nach ihm benannt ist. Dieser Mann ist eine Legende: Der Wilderer Lochheiri aus Blasiwald hat am Schluchsee seine Spuren hinterlassen.

Lochheiri hieß natürlich nicht wirklich so. Sein echter Name war Heinrich Isele und er kam aus der kleinen Schwarzwald-Gemeinde Blasiwald-Loch, unweit des heutigen Gasthauses. Der wilde Heinrich heiratete 1834 die Bäuerin vom Lochhof, die bereits sieben Kinder aus ihren ersten beiden Ehen hatte. Gemeinsam bekamen sie noch sieben weitere Kinder! 14 Kinder in einer Familie – ist das heute nicht unvorstellbar? Lochheiri war Bauer, Holzhändler, Säger, Fuhrhalter und leidenschaftlicher Jäger. Er wurde als streitsüchtig, trinkfest – aber auch als sehr liebevoll und fürsorglich beschrieben. Allerdings war er kein guter Geschäftsmann und kam immer wieder in Geldnot. Stellt euch mal vor, 14 Kinder zu ernähren – das war gar nicht so einfach! Und so wurden die Iseles ständig von Hunger und Armut geplagt. Das ging nicht nur der Familie vom Lochhof so, sondern auch anderen Bauern. Seit 1806 gehörte das Gebiet rund um den Schluchsee zum Großherzogtum Baden – und das gefiel den Schwarzwäldern überhaupt nicht. Sie waren gegen die neuen politischen Verordnungen und Abgaben des Großherzogs – sie wollten endlich frei und unabhängig sein! Im Frühjahr 1848 erfuhren die Bauern schließlich, dass auch die einfachen Leute in Frankreich und in weiten Gebieten Deutschlands ihre Armut nicht länger ertragen wollten. Die Nachricht von einer bevorstehenden Revolution machte die Runde. Tatsächlich begann sie in Baden – die Schwarzwälder waren Feuer und Flamme. Sie wollten sich dieser Bürgerrechtsbewegung anschließen, die gegen die herrschenden Fürsten kämpfte! Sie wollten sich für einen freien, demokratischen Nationalstaat einsetzen! Notfalls mit ihrem Leben!

Der Lochheiri war ganz vorne dabei und bildete die Bauern vom Schluchsee zu einer kleinen Freiheitskämpfertruppe aus. Sie übten und trainierten wochenlang im Wald und wollten sich schließlich den Freischaren von Friedrich Hecker, dem bekanntesten Redner der Badischen Revolution, anschließen. Heckers Leute kämpften ganz in der Nähe, in Kandern, einer kleinen Stadt bei Lörrach, gegen Truppen des Deutschen Bundes, die herbeigeeilt waren, um den Großherzog von Baden zu unterstützen und eine Revolution zu verhindern. Doch noch bevor Lochheiris Männer dort ankamen, wurden die Freischaren geschlagen. Die Bauern flohen zurück durch den Schwarzwald auf ihre Höfe und versteckten sich.

> **So geht's zum hölzernen Lochheiri:**
>
> Die Skulptur steht direkt neben dem Gasthaus „Lochheiri" in Blasiwald-Eisenbreche, nahe der großen Staumauer.

Und der Lochheiri? Der wurde verhaftet, sein Hof und die Äcker gepfändet. Man versuchte, ihn nach Amerika abzuschieben. „Die Armensuppe war damals teurer als eine Fahrkarte nach Amerika", schreibt Autor und Schauspieler Roland Kroell. Viele Schwarzwälder ließen sich auf die Ausreise nach Amerika ein – doch ein Mann wie Heinrich Isele wollte in der Heimat bleiben! Aber wie sollte er seine große, hungrige Familie ernähren? Nachdem er in seinem gepachteten Jagdstück alle Tiere geschossen hatte, dehnte er sein Revier einfach ohne Erlaubnis aus. Heimlich schlich er durch die Wälder rund um den Schluchsee und St. Blasien, das Gewehr war sein treuer Begleiter. Auch seine Söhne lernten die Wilderei und schossen Rehe, Hirsche und Hasen, um sie an umliegende Gasthäuser zu verkaufen. Der Lochheiri war so ein gefährlicher und gewiefter Kerl, an den traute sich kein Förster ran! Und er hatte seine Tricks: „Im Winter hatte Lochheiri oftmals Probleme, weil man ihn dann gut an den im Schnee hinterlassenen Fußspuren verfolgen konnte. Aber auch dagegen kannte der Wälder ein Rezept: „Er nagelte die Absätze seiner Stiefel nach vorne. So zeigten die Spuren immer in eine falsche Richtung", schreibt Kroell. Doch am zweiten Weihnachtsfeiertag 1867 fand Lochheiris Wilderei ein tragisches Ende. Die beiden Waldhüter Josef Nägele aus Schluchsee-Aha und Josef Böhler aus St. Blasien liefen an jenem 26. Dezember miteinander Streife, um den Wilddieb endgültig zur Strecke zu bringen. Nachmittags entdeckten sie eine Tanne, an der ein ausgenommenes Reh hing. Sie legten sich auf die Lauer und warteten auf den Lochheiri. In einem Schreiben des Justizministeriums aus dem Jahr 1868 heißt es, dass auf einmal aus dem Hinterhalt zwei Schüsse auf den Waldhüter Nägele abgefeuert wurden. Nägele wurde schwer verwundet und rief um Hilfe. In dem Bericht ist weiter zu lesen: „Auf Nägeles Hilferuf feuerte nun Böhler gegen den Wilderer, sodass dieser getroffen zu Boden sank, worauf Nägele ihn mit mehreren Schüssen vollends tötete." Der Lochheiri war tot, doch Josef Nägele kurierte seine schweren Verletzungen aus. Die beiden Förster warteten auf einen Prozess. In einem weiteren Schreiben des Justizministeriums steht: „Die Raths- und Anklagekammer des Großen Kreis- und Hofgerichtes Constanz nahm jedoch an, dass beide sich in Nothwehr befanden und entbanden sie deshalb von der Anschuldigung." Vermutlich haben die beiden Waldhüter damals nicht geahnt, dass der Lochheiri als Legende immer weiterleben wird.

Sabine Wienrich

Warum hat der Schluchsee eine so dunkle Farbe?
a) **Weil er im Zweiten Weltkrieg zum Schutz vor Bombardierungen mit Torf abgedeckt wurde**
b) **weil er so tief ist**
c) **weil auf dem Grund schwarzer Lavasand liegt**

Tipp: Manchmal riecht es am Schluchsee ein wenig wie in einem Moor ...

Blumberg

Geheimnis 12
Rote Metallringe
Parkplätze für die Pferde

An diesen Ösen wurden die Pferde und Ochsen angebunden.

„Spann mal den Wagen an, ich muss zum Bahnhof!" Diesen Satz wird man heute wohl nicht mehr hören. Denn heute nehmen die Menschen lieber das Auto, den Bus oder vielleicht auch einfach das Fahrrad, wenn sie zum Bahnhof müssen – und nicht den Pferde- oder Ochsenwagen. Das war vor rund 130 Jahren, also Ende des 19. Jahrhunderts, noch anders. Da gab es keine Autos, keine Busse und Fahrräder hatten auch nur wenige. Die Eisenbahn war bereits erfunden und die Fortbewegungsmöglichkeiten hatten sich damit stark verbessert. Doch auch zum Bahnhof musste man ja erst einmal hinkommen. Und wenn man auch noch viel Gepäck oder gar Waren dabei hatte, beispielsweise Gemüse oder Obst, dann mussten die Pferde und Ochsen ran.

Die zogen die Wagen, die man auch Karren nennt, mit großer Kraft. Gelenkt wurde das Gespann von einem Fuhrmann, der oben auf dem Wagen saß und die Zügel fest in der Hand hielt. Dann ging es los – zum Bahnhof. Zum Beispiel nach Blumberg-Zollhaus, wo die 1890 gebaute Wutachtalbahn auf ihrem Weg durch den südlichen Schwarzwald hielt.

Die Wutachtalbahn war zu dieser Zeit eine der wichtigsten Zugverbindungen im Schwarzwald und fuhr von Lauchringen am Hochrhein nach Hintschingen an der Donau. Und weil sie zwischen der Ortschaft Weizen und Blumberg-Zollhaus so viele Kurven zu überwinden hatte, nannte man sie auch „Sauschwänzlebahn". 1976 wurde der Personenverkehr auf der Wutachtalbahnstrecke eingestellt, weil er unwirtschaftlich geworden war. Doch auf dem mittleren Abschnitt, also der kurvenreichen Strecke Weizen-Blumberg-Zollhaus, fährt heute noch die „Sauschwänzlebahn". Die Museumsbahn, die mit einer Dampflokomotive betrieben wird, ist eine große Touristenattraktion geworden. Eisenbahnfreunde aus der ganzen Welt kommen, um einmal mit ihr zu fahren.

Das war Ende des 19. Jahrhunderts natürlich noch ganz anders. Die Wutachtalbahn beförderte nicht nur viele Passagiere, sondern vor allem auch Güter, also Rohstoffe und landwirtschaftliche Produkte. Die Bauern aus dem Schwarzwald

Der Bahnhof Blumberg-Zollhaus wird nur noch von der Museumsbahn angefahren.

kamen mit ihren voll beladenen Wagen an den Bahnhöfen der Wutachtalbahn an. Doch wo sollten sie ihre großen Fuhrwerke abstellen? Die Wege mussten kurz sein, da die Bauern die schweren Waren ja auch noch zu den Bahnsteigen schaffen mussten. Da hatten die Erbauer des Bahnhofs Blumberg-Zollhaus eine gute Idee: Sie legten Pferdeparkplätze an. Das ist kein Scherz! Ihr könnt euch selbst davon überzeugen, denn die Stellplätze sind heute noch zu sehen. Geht einmal um das alte Bahnhofsgebäude herum in Richtung Osten. Da steht ein hölzerner Güterschuppen, der direkt an den Bahnhof angrenzt. Und, seht ihr das? An der gesamten Südseite des alten Schuppens hängen rote Metallringe. An ihnen wurden früher die Pferde und Ochsen angebunden, während die Bauern und Fuhrmänner ihre Ware auf Schub- oder Sackkarren über eine Laderampe ins Innere des Schuppens brachten und dort aufgaben. In dem Schuppen konnten auch Pakete abgeholt werden, die für den Postverkehr zu groß waren.

Anders als der Personenverkehr der Wutachtalbahn, den es ja bereits seit fast 40 Jahren nicht mehr gibt, fuhr der Güterverkehr noch einige Zeit lang weiter und wurde erst am 31. Oktober 1995 eingestellt. Und weil es da schon längst keine Pferde- und Ochsenkarren mehr gab, findet ihr rund um das Bahnhofsgebäude auch viele andere Parkplätze. Für Autos, versteht sich.

Sabine Wienrich

> **So geht's zu den Metallösen:**
>
> Die Ösen befinden sich auf der Rückseite des Güterschuppens beim Bahnhof Blumberg-Zollhaus, direkt an der B 27.

Warum durfte der Museumszug „Sauschwänzlebahn" einige Winter lang nicht fahren?

a) weil die Winter so extrem kalt waren und die alte Lokomotive das nicht bewältigte
b) weil sich von Oktober bis März in den Tunneln auf der Strecke Fledermäuse eingenistet hatten
c) weil in dieser Zeit wichtige Renovierungsarbeiten gemacht wurden

Tipp: Schaut mal auf die Liste der geschützten Tierarten!

Bonndorf

Schloss
Falsche Fenster

Geheimnis
13

Das Bonndorfer Schloss hat 132 Fenster. Doch schaut mal genau hin! Neun davon sind nur aufgemalt. Erkennt ihr sie?

So ein prächtiges, altes Schloss mit vielen, vielen großen Fenstern! Aber, Moment mal, was ist denn das? Die Fenster sind gar nicht echt, sondern nur aufgemalt. Das kann doch nicht sein, oder? Doch, genau so ist es! Hier war ein talentierter Maler am Werk!

Eins, zwei, drei, vier ... 132 Fenster zieren das Wahrzeichen von Bonndorf. 94 große, 28 kleine und zehn mittelgroße. Und welche sind jetzt echt und welche nicht? Das kann man nur entdecken, wenn man wirklich ganz genau hinschaut. Die Fenster im Mittelbau des Schlosses sind dem Farbtopf entsprungen. Und auch die Fenstersimse sind nur gepinselt. Ganze neun Fenster sind mehr Schein als Sein und verdienen ihren Namen eigentlich gar nicht. Doch wie kommen die falschen Fenster in das Bonndorfer Schloss? Ist den Schlossherren beim Bau das Geld für richtige Öffnungen ausgegangen? Oder wollten die Erbauer größere Wandflächen für ihre Bücherregale haben? Wie kommt man denn auf die Idee, außen einfach Fenster an die Schlosswände zu malen?

Einer, der das weiß, ist Dr. Jürgen Glocker, Kulturamtsleiter des Landkreises Waldshut. „Dort, wo man die aufgemalten Fenster sieht, waren einmal neun echte Fenster", erklärt er, „aber die wurden zugemauert." Wann und warum man die Fenster zugemauert hat, ist jedoch bis heute nicht ganz geklärt. Es gibt zwei Theorien: Entweder hat man die Fenster erst im 20. Jahrhundert beseitigt, als im Schloss Toiletten eingerichtet wurden. Oder sie mussten – und das halten viele Experten für die wahrscheinlichere Variante – beim Umbau des Treppenhauses im 18. Jahrhundert weichen. Die alten Fenster haben offenbar gestört und wurden deshalb kurzerhand durch „Scheinarchitektur" ersetzt, wie Experte Jürgen Glocker sagt. In welchem Jahr das genau passiert sein könnte, weiß heute niemand mehr. Doch die Baumaßnahmen gehen auf die 1720er-Jahre zurück – und aus dieser Zeit stammt auch die Außenbemalung des Schlosses.

Alle Fensterrahmen sind aufgepinselt. Man nennt das Seccomalerei.

Diese Epoche nennt man in der Kunstgeschichte „Barock". Und da war es nicht unüblich, Gebäude mit Dingen zu bemalen, die falsche Tatsachen vorspiegeln sollten. Türen, Säulen – und eben auch Fenster wurden täuschend echt auf die Wände gemalt. Diese Technik heißt auch Illusionsmalerei, weil damit der Anschein erweckt wird, dass etwas echt ist – und dabei ist es doch nur ein Trugbild. In der Barockzeit wurden Schlösser häufig mit vielen Verzierungen und Ornamenten ausgestattet, um noch beeindruckender zu wirken. Manchmal verwendete man für die Malereien allerdings nicht nur Farbe, sondern auch Stuck. Das ist ein Mörtel, also eine Masse aus Kalk oder Zement und Gesteinen, die ein wenig wie Zahnpasta aussieht. Aus dem Stuck kann man plastische Formen herstellen, zum Beispiel schöne Verzierungen. Beim Bonndorfer Schloss wurde außen zwar kein Stuck verwendet, aber im Inneren des Schlosses, in dem heute die Stadtbibliothek und ein Fasnachtsmuseum untergebracht sind. Es gibt sogar noch einen prächtigen, barocken Festsaal, in dem Konzerte und Veranstaltungen stattfinden. Wenn ihr genau hinseht, erkennt ihr an den Decken Stuckverzierungen. Schön, oder?

Den meisten Besuchern fallen die falschen Fenster überhaupt nicht auf. Aber den Kindern, die sich vor das Schloss stellen und einfach mal durchzählen, denen entgeht das nicht. Also, noch mal von vorne: „eins, zwei, drei …"

So geht's zum Bonndorfer Schloss:

Bonndorf liegt an der B 315, das Schloss ist ausgeschildert.

Sabine Wienrich

Was ist noch eine Besonderheit des Bonndorfer Schlosses?

a) der Japanische Garten
b) die Chinesische Mauer
c) das Englische Tor

Tipp: Geht im Kurpark eine Runde spazieren und schaut euch die Anlage mal genauer an!

Donaueschingen

Geheimnis
14

Relief
Gebäck für Marie Antoinette

Lieber nicht reinbeißen: Brötchen und Croissant sehen zwar lecker aus –
sind aber hart wie Stein!

Mjam! Das sieht aber lecker aus! Wenn auch ein wenig hart: In der Nähe des Donaueschinger Lammtors hängen wahre Köstlichkeiten an einer Hauswand: Ein Brötchen und ein Croissant aus Stein sind auf einer Tafel aufgebracht. Wie kommen sie dahin? Ganz einfach! Ein stolzer Bäckermeister hat das Relief, das einst die Tür des Gasthauses „Zum Lamm" zierte, anbringen lassen. Warum er so stolz war? Nicht nur, weil er leckere Brötchen und Croissants buk, sondern weil diese auch noch von einer ganz besonderen Person verspeist wurden: von Marie Antoinette. Die spätere französische Königin kam auf ihrem Brautzug durch Donaueschingen, und der Hofbäcker Fidelis Schmider hatte die Ehre, „den ersten Mundsemmel zur Hochfürstlichen Tafel zu backen, woran die Königin von Frankreich, Majestät Marie Antoinette speiste", was er mit dem Relief für immer in das Bewusstsein der Donaueschinger einzubrennen gedachte.

Als Marie Antoinette durch Donaueschingen reiste, war sie auf dem Weg zu ihrem Ehemann, dem französischen Thronfolger. Dauphin Louis-Auguste, der spätere König Ludwig XVI., war schon mit ihr verheiratet, obwohl sie ihn noch nie gesehen hatte. Ist das nicht sehr seltsam? So etwas nennt man eine Ehe „per procurationem", also kraft Vollmacht. Wenige Tage, nachdem sie im heimischen Wien ihrem nicht anwesenden Bräutigam angetraut worden war, ging die junge Habsburgerin auf Brautfahrt. Auf dieser Reise traf sie am 3. Mai in Donaueschingen ein, vier Tage, bevor sie am 7. Mai an ihre künftige französische Verwandtschaft „übergeben" und zur französischen Dauphine Marie Antoinette wurde. Wenn eine künftige Königin reist, dann ist sie nicht allein unterwegs, und deswegen herrschte in der kleinen Stadt Ausnahmezustand – schließlich mussten die Gäste alle untergebracht und versorgt werden. In Marie Antoinettes Begleitung befanden sich 257 Personen, 57 Wagen und 450 Zug- und Reitpferde. Zwar blieb die Gesellschaft nur eine Nacht lang in Donaueschingen. Aber für diese eine Nacht stand man schon ein halbes Jahr zuvor regelrecht Kopf. „Keine Mühe, keine Kosten und auch keine Schulden wurden gescheut", so kann man es in „Blätter zur Baar" lesen.

Zum Empfang Marie Antoinettes wurden die Möbel, von denen es im Fürstlichen Schloss nicht genug gab – zum Beispiel Betten – aus den umliegenden Fürstenbergischen Häusern geliehen. Man ersetzte gesprungene Fenster, polierte Böden auf Hochglanz und legte neue Teppiche aus. Und als alles fertig war, durfte niemand mehr das Schloss betreten – bis Marie Antoinette und ihr Gefolge eintrafen. Schließlich hätte ja jemand einen Fleck auf den Boden machen können oder eines der sorgsam aufgeschüttelten Kissen zerknittern!

Natürlich hatten auch Bäcker und Metzger in jenen Tagen viel zu tun. Nicht nur Hofbäcker Fidelis Schmider musste schuften: Da man davon ausging, dass die Donaueschinger Bäcker nicht genügend Brot würden fabrizieren können, durften alle Bäcker aus der Gegend Brot in die Stadt bringen. Außerdem musste alles Geflügel aus der Umgebung an die Hofküche abgeliefert werden. Die Betonung liegt auf *musste*: Wer ein Stück für sich behielt und erwischt wurde, musste bis zu zehn Reichstaler Strafe zahlen!

Auch die Straßenbauer hatten gut zu tun: Die Straßen in und um Donaueschingen wurden ausgebessert, und auf diesen frisch sanierten Pfaden empfing ein eigens zusammengestelltes berittenes Jagdkorps den Brautzug. Die Männer trugen übrigens allesamt Bärte – man hatte ihnen schon zwei Monate vor den Feierlichkeiten befohlen, den Schnurrbart wachsen zu lassen und „sich allmählich daran zu gewöhnen, einen Zopf einzubinden und die Seitenhaare nicht abzuschneiden, damit solche leicht frisiert werden" konnten. Damals trugen nämlich auch Männer die Haare lang.

Auch ansonsten wurde sehr auf das äußere Erscheinungsbild geachtet: Man wies die

Bewohner an, in möglichst einheitlicher Kleidung zu erscheinen – die Burschen mit rotem Wams, verheiratete Männer mit grauen oder braunen „Röcken", so hießen ihre langen Jacken, ledige Mädchen mit Blumenkranz.

Und dann zog die hoheitliche Braut, begrüßt von Böllergeschützen und Glockenläuten, mit ihrem Gefolge in Donaueschingen ein. Die Straßen waren gesäumt von Menschen, als Marie Antoinette zum Hofe des Fürstlichen Schlosses ritt und dort empfangen wurde. Danach bekamen die Bürger sie nicht mehr zu sehen – sie aß im Schloss und ging nicht mehr nach draußen. Und schon am nächsten Morgen reiste der Brautzug wieder ab. Abermals krachten Böller, wieder läuteten Glocken und Donaueschingens Bürger verabschiedeten die hohe Braut mit einem letzten „Lebewohl".

Nur das Croissant und das Brötchen erinnern heute noch an den Besuch der königlichen Braut. Appetit bekommen? Im Café Reiter, schräg gegenüber, gibt es leckeren Kuchen und selbstgemachte Pralinen. Das Rezept für die Mundsemmel der Marie Antoinette ist allerdings nicht mehr erhalten. „Sonst", sagt Konditormeister Wolfgang Reiter, „hätte ich das schon längst nachgebacken."

Eva-Maria Bast

> **So geht's zum Relief:**
>
> Das Relief hängt am Blumengartenhaus in der Straße „An der Stadtkirche", schräg gegenüber vom Café Reiter. Im Sommer ist es allerdings durch die Bäume und Sträucher, die davorstehen, vollständig verdeckt. Zu den anderen Jahreszeiten kann man es gut erkennen.

? Welche Flüsse fließen durch den Schwarzwald?
a) Main und Neckar   b) Spree und Elbe
c) Rhein und Wutach

Donaueschingen

Geheimnis 15

Steinbrocken
Wo Hungrige auf Butter ausrutschten

Beeindruckend: die riesigen Steinbrocken.

Nanu, wo kommen die denn her? Unterhalb der riesigen Brücke in Donaueschingen liegen mächtige Steinbrocken. Wirklich seltsam. Noch merkwürdiger wird das Ganze, wenn man die dicken Drahtseile bemerkt, die sich, völlig verknäult und verkuddelt, um die Steine herumwinden. Sind die Brocken etwa von der großen Brücke geplumpst, die über sie hinwegführt? Und kam dann vielleicht ein moderner Künstler und hat sie mit Drahtseilen umschlungen, um ein Kunstwerk daraus zu machen? Nein! Nichts dergleichen! Die Steinbrocken erinnern an den Zweiten Weltkrieg, an Hungersnot und plündernde Menschen. Und an eine lange danach missglückte Sprengung. „Es handelt sich um die letzten Überbleibsel des Proviantamts der Garnison", erzählt Donaueschingens ehemaliger Oberbürgermeister Dr. Bernhard Everke.

Wenn man die Geschichte der Steinbrocken erzählen will, muss man am Beginn des letzten Jahrhunderts, kurz vor dem Ersten Weltkrieg, anfangen: Donaueschingen war im Oktober 1913 Garnisonsstadt geworden. Das heißt, hier wurden Soldaten stationiert. Kein Jahr später, am 6. August 1914, mussten die Soldaten in den Ersten Weltkrieg ziehen. Als der Krieg zuende war, sollte die Kaserne eigentlich geschlossen werden. Doch die Stadt kämpfte um den Erhalt des militärischen Standorts – und war erfolgreich: In den Folgejahren wuchs die Garnison enorm, viele weitere Gebäude wurden gebaut. Unter anderem auch das Proviantamt. Dann kam der Zweite Weltkrieg – und damit wurde genau dieses Haus für die Bevölkerung sehr interessant: Im Krieg gab es nur wenig zu essen, viele Menschen mussten hungern, obwohl im Proviantamt jede Menge Nahrungsmittel lagerten! Aber die Schätze waren hinter den Mauern des Gebäudes fest verschlossen. Doch dann, 1945, brachten die Bombenangriffe der alliierten Kriegsgegner Deutschlands den Menschen endlich und ausnahmsweise einmal Glück: „Im April wurde das Proviantamt von feindlichen Bombern getroffen", erzählt Bernhard Everke. „Die Donaueschinger strömten mit Karren und Wägelchen dort hin. Es hatte sich herumgesprochen, dass man sich bedienen darf, zumal die Franzosen praktisch schon am Einmarschieren waren. Und der Feind sollte die Nahrung nicht bekommen." Der Zweite Weltkrieg war im Mai 1945 zu Ende, die Franzosen gehörten zu den Siegern, Deutschland hatte den Krieg verloren.

Es muss ein unvorstellbares Bild gewesen sein: Bürger sollen riesige Räder Käse durch die Straßen gerollt haben. Im Inneren des Proviantamtes habe Zucker und Mehl kniehoch gestanden, weil die Tüten aufgerissen waren. Die Menschen seien auf Butter oder Marmelade ausgerutscht. „Man darf sich das aber nicht so vorstellen, dass die Donaueschinger in Trümmern nach

Lebensmitteln suchten", erklärt Everke. „Das Proviantamt war sehr stabil, und bis auf ein Loch, das die Bomben in die Wand gerissen hatten, war nichts zerstört worden."

Das Loch befand sich übrigens bis in die 1970er-Jahre hinein noch in der Wand des Gebäudes, das nun als Lagerhalle genutzt wurde.

Und jetzt kommt die Sprengung ins Spiel: 1987 sollte das ehemalige Proviantamt abgerissen werden. Der Plan: Man wollte ein großes Einkaufscenter, das „Donaucenter", bauen. Wie schon ihre Vorfahren sollten sich die Bürger hier unter anderem mit Lebensmitteln versorgen können – wenn auch in geordneteren Bahnen und nicht umsonst! Doch das Gebäude hielt hartnäckig stand – es wollte und wollte nicht weichen: Das alte Bauwerk ließ sich schlichtweg nicht sprengen. Everke, der die ehrenvolle Aufgabe hatte, den Sprengsatz zu zünden, erzählt: „Das war ein riesiger Auflauf." Unzählige Bürger hatten sich in den Straßen versammelt, nur Everke, die Polizei und der Sprengmeister durften auf die Brücke, von wo aus der Sprengsatz gezündet werden sollte. Der Oberbürgermeister wurde angewiesen auf den Knopf zu drücken, der den Sprengsatz zünden würde, und dann sofort hinter das Auto zu flüchten und sich zu ducken, „weil dann Steinbrocken durch die Luft fliegen würden, damit ich möglichst wenig abkriege".

> **So geht's zu den Steinbrocken:**
>
> Die Steinbrocken entdeckt ihr unter der Brücke an der Hagelrainstraße, beim Donaucenter.

Bernhard Everke drückte, duckte sich und wartete auf umherfliegende Steinbrocken. Er wartete vergebens. Das Einzige, was flog, war Staub. Das Gebäude aber stand an Ort und Stelle, „es war nur ein wenig schräg gerückt", erinnert sich der ehemalige Oberbürgermeister heute schmunzelnd. Doch er konnte nichts für den Misserfolg – der Sprengsatz war einfach zu niedrig dosiert gewesen. „Wegen der umliegenden Bebauung konnte man da nicht mehr Feuer drangeben", erläutert das ehemalige Stadtoberhaupt. Also rückte die Abrissbirne an und legte das Gebäude in Trümmer. Selbige wurden abtransportiert.

Nur die Steinbrocken, die heute noch unter der Brücke liegen, bewahren die Donaueschinger zur Erinnerung auf. Die Stahldrähte, die aus den Brocken ragen, waren zur Stabilisierung des Gebäudes gedacht, und sie taten das so erfolgreich, dass es sowohl den Bomben als auch dem Sprengsatz weitgehend standhielt. Eine wahrhaft beeindruckende Geschichte!

Eva-Maria Bast

Woher hat der Schwarzwald seinen Namen?

a) **Die meisten Bäume sind dunkelgrün, fast schwarz. Diese Bäume kommen nur im Schwarzwald vor.**

b) **Als die Römer vor rund 2000 Jahren nach Norden kamen, fanden sie einen riesigen, dunklen Wald und nannten ihn „silva nigra": Schwarzer Wald.**

c) **Im Mittelalter war der Schwarzwald so dicht, dass es darin nie hell wurde. Die Menschen sprachen deshalb vom schwarzen Wald.**

Feldberg

Geheimnis 16
Dr. Pilet-Statue
Auf Riesen-Skiern durch den Schwarzwald

Der französische Konsul Dr. Pilet schaut auch heute noch zu, wie die Skifahrer am Seebuck die Piste hinuntersausen.

Wer an einem sonnigen Wintertag auf dem Seebuck steht, dem zweithöchsten Gipfel am Feldberg, will nur eins: Skifahren! Also, rein in die Schuhe, rauf auf die Skier – und ab auf die Piste! Doch wusstet ihr, dass bis ins 19. Jahrhundert weder Pisten noch Lifte auf dem Feldberg waren? Und zwar schlicht und einfach deshalb, weil es noch keine Skifahrer gab: Erst vor rund 125 Jahren lernten die Schwarzwälder die langen Bretter kennen. Es war ein französischer Konsul, der ihnen das Skifahren beibrachte. Der schaut den Kleinen und Großen heute noch zu, wie sie die Piste hinuntersausen. Sagt ihr, das ist unmöglich, weil man so lange gar nicht leben kann? Doch, denn Dr. Pilet ist auf dem Seebuck als Holzstatue verewigt!

Wir schreiben das Jahr 1891. Vor wenigen Wochen hat der norwegische Zoologe Fridtjof Nansen ganz Grönland in 42 Tagen durchquert – auf Skiern. Die Expedition macht Schlagzeilen – und so sprechen auch die Schwarzwälder über die langen Bretter, mit denen man auf dem Schnee „laufen" kann. Bisher gab es nur eine Art Schneeschuhe, die man „Schneereifen" nannte. Man schnallte sie unter die Schuhe, um nicht einzusinken. Doch wenn es auf dem Feldberg so richtig geschneit hatte, nützten sie auch nichts mehr. Einer, der sich besonders dafür interessierte, war der Landarzt Dr. Tholus aus Todtnau. Er hatte lange als Schiffsarzt in Norwegen gearbeitet und ließ sich bereits 1888 ein Paar hölzerne Skier von dort schicken. Diese Dinger waren jedoch 2,50 Meter lang! Der etwas dickliche Doktor Tholus schnallte sich die langen Bretter an und übte heimlich in seinem Garten. Es wollte nicht so recht klappen und so stellte er seine Errungenschaft aus Norwegen schließlich auf den Dachboden. Und dabei blieb es – bis die Expedition von Fridtjof Nansen durch die Medien bekannt wurde. Tholus holte die Skier wieder raus – und übte erneut. Er wollte unbedingt Skifahren lernen, damit seine Krankenbesuche zu abgelegenen Schwarzwaldhöfen mitten durch den Tiefschnee nicht mehr so mühevoll wären. Doch es wollte einfach nicht klappen!

Der Bildhauer Thomas Matt hat die Statue 1999 aus einem 240 Jahre alten Eichenstamm geschnitzt.

Welch ein Zufall, dass gerade ein gewisser Dr. R. Pilet, französischer Konsul aus Heidelberg, Urlaub auf dem Feldberg machte! Im Februar 1891 kam er über die Passhöhe Rinken hoch

Feldberg

auf den Feldberger Hof, das einzige Hotel dort oben. Und was hatte er sich an die Füße geschnallt? Skier. Der Konsul sah aus wie ein Polarforscher mit seiner neuen Skiausrüstung! Für Doktor Tholus war klar: Der Franzose sollte ihm endlich das Skifahren auf norwegischen Brettern beibringen! Dr. Pilet gab damit die ersten Unterrichtsstunden in einer bisher unbekannten Sportart. Die Todtnauer Kinder spotteten und lachten, als sie den Doktor bei seinen ersten Versuchen beobachteten. Das muss so lustig ausgesehen haben!

> **So geht's zur Dr. Pilet-Statue:**
>
> Die Statue steht in der Nähe der Skistation auf dem Seebuck.

Allerdings müsst ihr euch das Skifahren anders vorstellen als heute. Zu Zeiten Dr. Pilets war es mehr eine Art Schneeschuhlaufen. Die Bretter waren lang und schwer zu lenken, man musste weit ausholen, um eine Kurve zu fahren. Dass Skifahren aber auch richtig lustig ist – und zudem noch fit hält – bemerkten die Schwarzwälder natürlich schnell. In Todtnau entstand 1891 der erste Skiverein Deutschlands, der Skiclub Todtnau. Der Feldberger Hof war von da an ständig ausgebucht: Mit den Skifahrern kam auch der Tourismus auf den Feldberg. Kein Wunder also, dass die Schwarzwälder dem Mann, dem das zu verdanken ist, ein Denkmal setzten – indem sie die von Bildhauer Thomas Matt angefertigte Statue aufstellten. Natürlich mit Blick auf die Skihänge. Und jetzt nichts wie hoch auf den Berg – und die Piste runter!

Sabine Wienrich

? Wie viele Liftanlagen gibt es heute am Feldberg?

a) 6 b) 38 c) 14

Tipp: 5 davon sind am Seebuck.

Freiburg

Bächle
Auch Drachen haben Zahnweh

Man sagt, die Bächle haben Drachenkraft.

Munter plätschern die Bächle durch Freiburgs Gassen. Im Mittelalter waren es flache Fließrinnen, die in der Straßenmitte verliefen. Frauen wuschen hier die Wäsche, das Vieh nutzte die Wasserläufe als Tränke und auch der eine oder andere frische Fisch des Wochenmarkts schwamm in ihrem Wasser. Wenn es in der Stadt brannte, wurden die Bächle aufgestaut und dienten als Löschwasser. In der Mitte des 19. Jahrhunderts verlegte man die schmalen Wasserläufe an den Rand der Straßen und fasste sie mit Bundsandstein. Heute lassen Buben und Mädchen kleine Holzboote und Plastikenten auf ihnen schwimmen. Freiburg ohne Bächle – undenkbar! Man sagt, wer aus Versehen in eines von ihnen tritt, der wird auf ewig in Freiburg bleiben: Die Bächle haben Drachenkraft! Ups, das ist ja nun mal ziemlich starker Tobak: Drachenkraft?! Doch genau hier beginnt die Legende von den Bächle:

Vor langer Zeit soll im Höllental ein fürchterlicher Drache sein Unwesen getrieben haben. Mit seinem unstillbaren Hunger versetzte er die Menschen ringsum in Angst und Schrecken. Seine Leibspeise waren junge Mädchen, deren zartes Fleisch der Drache als besonderen Leckerbissen schätzte. Eines Tages erweckte ein junges Liebespaar die Aufmerksamkeit des grausigen Lindwurms.

Doch statt den Doppelbissen augenblicklich zu verschlingen, beobachtete er die beiden neugierig und schloss in einer bisher nie gekannten Regung träumerisch die runden Drachenaugen. So geschah es, dass Ritter Hans Schnewelin und seine Ann sich unversehens dem Blick des Drachen entzogen: Er konnte das Paar nirgends mehr entdecken. Fortan ließ die liebliche Gestalt des Mädchens dem furchterregenden Ungeheuer keine Ruhe, und so sandte er einen Raben mit der Forderung nach Freiburg, die Stadtherren mögen ihm das liebreizende Geschöpf nebst elf weiteren Jungfrauen zum Verkosten ausliefern. Andernfalls, verkündete der gefiederte Bote, wolle der Drache die Freiburger alle auf einmal verzehren. Als Ritter Hans das hörte, preschte er in eiserner Rüstung auf den Marktplatz und erbot sich, eine Schar entschlossener Bürger zu führen und die Stadt mitsamt den zwölf Jungfrauen zu retten. Da brachen die Freiburger in einen unbeschreiblichen Jubel aus und der edle Ritter galoppierte mit einem Dutzend wagemutiger Männer im Gefolge von dannen.

> **So geht's zu den Bächle:**
>
> Die Bächle fließen kreuz und quer durch Freiburg.

Als der Drache die anrückende Schar bemerkte, riss er sein riesiges Maul auf und versenkte alsbald die vordersten sieben Kämpfer kopfüber in seinem Schlund. Der eiserne Ritter aber spornte verzweifelt das sich bäumende Pferd an und sprengte wie der Blitz mitten zwischen die genüsslich malmenden Kiefer des Ungeheuers, um die zappelnden Gefährten zu retten. Wieder riss der Drache seinen gewaltigen Rachen auf und schloss ihn mit einem entsetzlichen Krachen. Da war plötzlich auch der todesmutige Ritter verschwunden, und die radgroßen gelben Augen des Drachen rollten glückselig unter ihren schrägen Schlitzen hin und her. Als die übrigen Männer das sahen, rannten sie, so schnell sie konnten, den Berg hinab Richtung Freiburg. Hans Schnewelin jedoch machte es sich in einem hohlen Zahn weit hinten im Kiefer des Drachen bequem. Mit seiner Lanze stocherte er wie wild in der Zahnhöhle umher, drehte das mit Widerhaken bestückte Eisenteil in alle Richtungen, auf dass der geringelte Wurm, rasend vor Schmerz, in unglaublicher Eile zu einer die Täler verdunkelnden Größe anschwoll. Doch das half ihm wenig, Hans Schnewelin bohrte munter weiter und schlug derweil dem wimmernden Ungetüm einen Handel vor: Wolle er seine Schmerzen loswerden, so müsse er den Zahn ziehen lassen. Als Gegenleistung solle er auf die zwölf Jungfrauen verzichten und nach der Erlösung von seinen Qualen das Land für immer verlassen.

Der Drache, der inzwischen vor lauter Pein wieder zu manierlicher Größe geschrumpft war, versprach Ritter Hans alles, wenn nur diese unerträglichen Schmerzen aufhörten. Und so wälzte sich der gewaltige Wurm unverzüglich aus dem Höllental heraus auf Freiburg zu. Am Schwabentor angekommen, schob das Ungetüm sein geplagtes Maul ungeduldig bis zum Münsterplatz vor, wo man schon eiligst Vorkehrungen für die bevorstehende Operation getroffen hatte. Hier musste der Drache seinen Kopf und die Gliedmaßen in fest verknotete Schlingen legen, die mit unzähligen Seilen und Gewinden hoch oben am Münsterturm befestigt waren. Mit langen, dicken Baumstämmen sperrten die kräftigsten Männer der Stadt den übel stinkenden Drachenschlund auf. Nun stieg der unerschrockene Doktor Blasius in die Tiefe des Rachens hinab, nicht ohne sich dabei des Öfteren die Nase zuzuhalten, während er sich bemühte, den gräulichen Patienten mit immer wieder neuen Gaben von allerlei Salben bei schläfriger Laune und milder Gemütsstimmung zu halten. Trotz allem bebte der Münsterturm bisweilen in seinen Grundfesten, wenn das Untier

Noch heute erinnern wasserspeiende Drachen an die alte Legende.

schmerzerfüllt an den Seilen zerrte. Unerwartet griff die Zange des Arztes spitzes, zackiges Eisen und bekam etwas Lebendiges zu fassen. Da operierte er mit großer Sorgfalt weiter, sodass Ritter Hans Schnewelin kurze Zeit später samt seinem eisengepanzerten Pferd heil und munter dem Drachenzahn entsprang. Nun sah sich der Doktor weiter in dem großen Maul um, klopfte und bohrte mal hier, mal dort, bis er in der Falte des allerhintersten Backenzahnes auch auf die sieben anderen vermissten Männer stieß. Da war die Freude in der Bevölkerung groß, ganz Freiburg jauchzte und tanzte. Doktor Blasius jedoch wickelte ein dickes Seil um den schmerzenden Drachenzahn und wies die Feiernden an, alle Pferde, Esel und Ochsen der Stadt zusammenzutreiben. Die Tiere zogen mit vereinten Kräften am Strick. Da weinte der Drache bitterlich vor Schmerz und riesige Sturzbäche flossen aus seinen Augen hinab auf den Münsterplatz. Mit einem Mal fiel den angespannt ziehenden Tieren der riesige faule Zahn mit lautem Geschepper vor die Hufe. Der Speichel, der sich während der Behandlung in den Backenfalten des Untiers gesammelt hatte, tropfte aus dem weit aufgesperrten Maul heraus und vermischte sich mit den Tränen des Drachen zu einer zähen Flüssigkeit. Dort, wo das Gemisch hinfloss, tat sich ein klares Bächlein auf, das unversieglich blieb.

Und so sprudelt – der Sage nach – seit jenem Tag das klare, frische Drachenwasser in wohlverteilten Rinnsalen durch die Gassen der Stadt. Der Drache aber, von seinen Zahnschmerzen befreit, wankte unter dem Einfluss der verabreichten Zaubersäfte dem Rheintal zu. Dabei übermannte ihn mit jedem Schritt mehr und mehr die Müdigkeit: Und so legte er sich nieder, den Kopf mit dem flachen Maul zwischen die Vordertatzen gebettet, den Schweif ins Tal hinabgestreckt und dazwischen den mächtigen Rumpf zu einem leichten Bogen gekrümmt. So schlief er ein und erstarrte nach und nach zu einem steinernen Berg. Im Laufe der Zeit zerfiel der äußere Horn- und Schuppenschorf der Drachenhaut zu Erde, in der nun Büsche und Bäume wurzeln. Will man der Legende Glauben schenken, dann erkennt man im Lorettoberg, einem Höhenrücken im Südwesten Freiburgs, noch heute die Drachensilhouette.

Manuela Klaas

? Welchen Beruf gibt es nur in Freiburg?

a) Fischreiniger   b) Münsterschrubber   c) Bächleputzer

Freiburg

Brezelfenster
Gebäck, das Sonnenstrahlen fängt

Das Brezelfenster im Münster.

Brezeln findet man beim Bäcker und vielleicht auch mal im Supermarkt. Aber in der Kirche? Nun gut, es handelt sich bei den Brezeln in einem der Bleiglasfenster des Münsters nicht wirklich um knackige Gebäckstücke, die man mit Butter bestreicht, um dann herzhaft hineinzubeißen, sondern lediglich um deren Abbildungen. Trotzdem ist es doch erstaunlich, dass man inmitten der vielen Heiligenfiguren auf Brezeln trifft! Die Brezel ist das Zunftzeichen der Bäcker und gehört in allen Bäckereischildern mit dem gewölbten Teil, also dem Bauch, nach oben. So sind die drei Brezeln auch im Fenster des Münsters abgebildet. Doch warum ist das so? Müsste sich der dickere, schwerere Teil nicht unten befinden?

Dazu gibt es folgende Legende: Im Mittelalter herrschten die Grafen von Urach in Freiburg. Wie alle anderen Adeligen beschäftigten sie ganze Heerscharen von Leibeigenen, auch auf ihrem Schloss in Urach. Einer davon war Frieder, der Hofbäcker, der dafür bekannt war, dass er das wohlschmeckendste Brot im ganzen Schwarzwald buk. Leider hatte Frieder neben dieser besonderen Gabe auch eine schlechte Angewohnheit: Immer wieder sprach er respektlos von seinem Dienstherrn und verbreitete üble Nachrede. Das kam schließlich auch seiner Herrschaft zu Ohren, die sich höchst ungehalten zeigte: Graf Eberhard ließ Frieder unter Androhung der Todesstrafe ins Verlies werfen. Dies grämte Frieders Frau, die ihren Mann aufrichtig liebte. Sie sprach beim Grafen vor und flehte inständig, ihren geliebten Gatten zu verschonen. Der Graf, der es insgeheim schon bereute, seinen besten Bäcker weggesperrt zu haben, war nicht abgeneigt, Gnade vor Recht ergehen zu lassen. So ließ er den Hofbäcker vorführen und sprach: „Nur weil ich deine Backkunst schätze, will ich dir noch eine Chance geben. Wenn du innerhalb von drei Tagen einen Kuchen oder ein Brot bäckst, durch welches dreimal die Sonne scheint und das mir besser schmeckt als alles, was ich kenne, dann sollst du frei sein!" Frieder bedankte sich freudestrahlend für die große Gunst und begab sich sofort an die Arbeit.

Doch es vergingen zwei wertvolle Tage, ohne dass ihm etwas eingefallen wäre. Am dritten Tag knetete er einen leicht gesalzenen Hefeteig, da er wusste, dass der Graf Süßes nicht so gern mochte. Doch wie sollte er den Klumpen formen? Vielleicht zu einer Art Schlinge? Da fiel Frieders Blick auf seine Frau: Sie hatte die Arme über der Brust verschränkt und war fest entschlossen, dafür zu sorgen, dass ihr Mann seine Aufgabe löst. Plötzlich hatte Frieder eine Eingebung: Das war's! Das musste ihm gelingen! Also versuchte er das Bild der verschlungenen Arme aus Teig zu formen. Er schlang und werkelte, bis er eine Wurst zustande brachte, die in der Mitte eine Wölbung hatte – das war der Körper. Dann legte er die seitlichen Enden wie dünne Arme verschränkt übereinander, ganz so, wie er es bei seiner Frau sah. Nach einigen missglückten Versuchen gefiel ihm die Form des neuen Gebäcks endlich. Durch die drei Löcher konnte, wenn sie wollte, auch die Sonne scheinen. Frieder war zufrieden mit seinem Werk und entzündete ein großes Holzfeuer im Ofen. In seinem Eifer übersah Frieder die Katze, die neben dem Ofen schlief. Aufgeschreckt von der großen Hitze sprang sie von der Ofenbank mitten auf das Backblech mit den geschlungenen Teigwaren. Das Blech kippte um und das Gebäck fiel in einen Eimer mit heißer Lauge, der neben dem Ofen stand. Nun war das Geschrei groß: Frieder fischte unter derben Flüchen die Teiglinge mit einer großen Kelle aus der Lauge. „Die muss ich alle wegwerfen", seufzte er entmutigt. Doch seine Frau wollte davon nichts wissen, sondern trieb ihn an: „Dir bleibt keine Zeit mehr – back sie so, wie sie sind!" Schnell streuten sie noch ein paar Körner grobes Salz darüber und schoben das Blech in den Ofen. Nach kurzer Zeit holte Frieder sein Backwerk mit einer großen Holzschaufel heraus und traute seinen Augen kaum: Um den Teig hatte sich eine Art Rinde gebildet, das Gebäck sah aus wie gemalt! Knusprig braun und um die Mitte hell aufgesprungen.

So geht's zum Brezelfenster:

Das Bleiglasfenster befindet sich im nördlichen Seitenschiff des Münsters.

Nun hatte der Bäcker nichts Eiligeres zu tun, als mit den ofenwarmen Teilchen zum Grafen zu eilen. Dieser nahm sich eines und kaute schweigend. Gespannt schaute ihm Frieder dabei zu. Der Moment erschien ihm wie eine kleine Ewigkeit. Frieders Herz pochte laut, als Graf Eberhard plötzlich aufsprang und das Gebäck gegen das Fenster hielt, durch das die Abendsonne schien. Dabei fielen die Sonnenstrahlen in drei Bündeln durch die Öffnungen zwischen den Schlingen. Anerkennend nickte der Graf und fragte: „Wie soll dein Gebäck denn heißen?" Darüber hatte sich Frieder noch keine Gedanken gemacht. „Ich weiß nicht", stammelte er. „Beim Kneten sah ich die Arme meiner Frau vor mir." „Tatsächlich", erwiderte der Graf verblüfft, „die Form erinnert an Arme." Da fiel der Gattin des Grafen, einer italienischen Prinzessin, das lateinische Wort für Ärmchen „bracchia" und die Bezeichnung für zwei verschlungene Hände „brazula" ein. Auf den Protest des Hofbäckers hin, dass man solch komplizierte Namen nicht aussprechen könne, beschloss Graf Eberhard, die Teigstücke „Brazel" zu nennen und orderte gleich einen ganzen Korb davon für den nächsten Tag. Frieder eilte überglücklich nach Hause und redete fortan nie wieder schlecht über den Grafen.

Die meisten Bäcker erzählen heute noch diese Geschichte, wenn sie gefragt werden, wie die Brezel entstanden ist. Da das Gebäck den verschränkten Armen einer Frau nachempfunden wurde, gehören die beiden Bögen, ebenso wie die Bögen der Arme, nach unten – ganz so, wie es im Münsterfenster dargestellt ist.

Doch nicht nur dem Hofbäcker Frieder wird die Erfindung der Brezel angedichtet. Manch einer behauptet, dass ein Mönch bereits im Jahre 610 n. Chr. die ersten Brezeln in einem südfranzösischen Kloster gebacken habe. Er ließ sich damals angeblich von der Gebetshaltung seiner Mitbrüder inspirieren. Vor 1400 Jahren beteten die Menschen nämlich ganz anders als wir heute: Sie kreuzten ihre Arme über der Brust und legten die Hände auf die Schultern. Das Gebäck des Mönchs wurde „Brezitella" genannt, ein Name, der aus dem Althochdeutschen stammt und auf das lateinische Wort für Ärmchen verweist – ganz ähnlich wie in Frieders Geschichte. Wegen dieser Erzählung galt die Brezel früher als „heiliges Gebäck". Das erklärt auch ihren Platz im Kirchenfenster des Münsters, das von der Bäckergilde gestiftet wurde.

Wie dem auch sei – ob verschränkte oder betende Arme – es ist toll, dass es die Brezel gibt. Dass sie lecker schmeckt, darin sind sich sowieso alle einig!

Manuela Klaas

Wie sieht ein typischer Schwarzwaldhof aus?

a) Er hat einen hohen Schornstein
b) Er hat ein heruntergezogenes Dach
c) Er hat weiße Fensterläden

Freiburg

Maßeinheiten
Elle, Weck, Sester und Zuber

Geheimnis 19

Kein Briefkasten, sondern die Elle am Münster.

Post fürs Münster? Nanu! Wird sich manch einer denken, der den schmalen Schlitz im nordwestlichen Turmpfeiler des Münsters entdeckt. Ist das der Briefkasten der Kirche? Weit gefehlt! Es handelt sich um eine alte Maßeinheit, die Elle, die in Form eines Metallstabs von 54 Zentimetern Länge in den Mauerquader eingelassen ist. Die Elle – in der Regel der Abstand zwischen Ellbogen und Mittelfingerspitze eines ausgewachsenen Mannes – ist das erste Längenmaß, von dem berichtet wird. Doch warum hat man früher mit Armen, Händen und auch Füßen gemessen? Die Menschen im Mittelalter kannten unsere heutigen Maßeinheiten nicht. Meter, Zentimeter und Millimeter waren noch nicht eingeführt. Was also tun, wenn man zum Beispiel Leinenstoffe abmessen wollte? Damals benutzten die Menschen ganz einfach die eigenen Körperteile zum Messen. Dies war eigentlich sehr praktisch, da man sie immer dabei hatte. Zwar waren – ebenso wie heute – nicht alle Menschen gleich groß, was die Sache etwas ungenau machte, aber im Allgemeinen war diese Art zu messen gebräuchlich. Damals gab es die „Maßeinheiten" Fuß, Spanne, Elle und Daumenbreite.

Doch was hat die Elle im Strebepfeiler des Münsters zu suchen? Dazu muss man wissen, dass seit dem 14. Jahrhundert vor dem Hauptportal der Kathedrale bis in unsere heutige Zeit Markt gehalten wird. Die Elle an der Wand des Münsters wurde viele hundert Jahre lang von Stoffhändlern zum Abmessen ihrer Tuchbahnen benutzt. Aber auch die Käufer konnten hier prüfen, ob sie nicht übers Ohr gehauen wurden. Die Elle ist neben ihrer Verwendung als Messwerkzeug auch das Grundmaß des Münsters. Im Mittelalter war die Zahlensymbolik von großer Bedeutung. So ist die Kirche 210 Ellen lang und der Turm 210 Ellen hoch, also 21 mal 10. Die Zahl 10 steht hierbei für die Zehn Gebote.

Neben der Elle sind noch weitere Normmaße am Hauptportal des Münsters eingemeißelt, anhand derer die Menschen ihre Einkäufe auf die richtige Größe hin überprüfen konnten. Sie alle beruhen auf einem einheitlichen Maßsystem, das von der Obrigkeit, also von Kaiser, König oder der Kirche, festgelegt wurde.

> **So geht's zu den Maßeinheiten:**
>
> Die Normmaße sind am Hauptportal des Münsters eingemeißelt.

An der Stirnseite des Pfeilers befinden sich Kreise und spitz zulaufende Ovale im Mauerwerk. Das sind die Umrisse von Brotlaiben und Spitzwecken, die zudem mit Jahreszahlen in römischen Ziffern versehen sind. Wer die Zahlen entschlüsseln kann, der stellt fest, dass neben dem oberen runden Laib die Jahreszahl 1320 steht, neben einem größeren Spitzwecken darunter ist das Jahr 1270 abzulesen und der nebenstehende kleinere Spitzweck und ein weiterer Rundlaib sind mit dem Jahr 1317 gekennzeichnet. An den eingekerbten Umrissen lässt sich heute noch gut erkennen, wie groß ein Brot in eben diesen Jahren mindestens sein musste. Und das wiederum hing mit den Ernteerträgen zusammen: In schlechten Zeiten durften die Bäcker nämlich kleinere Brötchen backen!

Apropos Brötchen backen: Hierzu braucht man bekanntlich Mehl, das aus Körnern gemahlen wird. Zum Abmessen des Korns findet sich ebenfalls ein Maß am Münster. Ihr müsst bei den

Brotmaßen nur einmal kurz um die Ecke spickeln, und schon seht ihr auf der zum Portal gewandten Seite des Pfeilers einen weiteren Kreis und links daneben einen Strich mit zwei Enden. Hierbei handelt es um das zylindrische Hohlmaß für Getreide, den Sester, welcher in Form von Grundfläche (Kreis) und Höhe (Strich) des Messgefäßes eingemeißelt ist. Aus beidem zusammen lässt sich die Größe des Sesters ermitteln. Was nun kommt, ist etwas für kleine Rechengenies: Den Inhalt des Gefäßes berechnet man, indem man die Grundfläche, die 1176 Quadratzentimeter beträgt, mit der Höhe – der Strich ist exakt 19,4 Zentimeter lang – malnimmt. Das Ganze ergibt 22,81 Liter. So viel Getreide passte in einen Sester. Ein weiteres Hohlmaß könnt ihr weiter oben entdecken: den Zuber. Beim Zuber, der ebenfalls zum Abmessen von Getreide, aber auch für Kohle, Salz oder Flüssigkeiten verwendet wurde, handelt es sich um eine Art großes, oben offenes Fass mit zwei Henkeln. Über dem Zuber, der 182,26 Liter fasst, steht eine Inschrift aus dem Jahr 1295: *„D(E) ZUIBIE VIII UF GEHUFOT SU(L)N EINEN / KARREN TUON KOLZ"* Das heißt: Der Zuber acht(mal) aufgehäuft soll einen Karren (Holz-)Kohle ergeben.

Die Karre war übrigens nach dem Zuber die nächstgrößere Einheit, mit der Holzkohle gemessen wurde. Entdeckt ihr auch die kleine Lilie im rechten Henkel des Gefäßes? Was mag sie wohl bedeuten? Die Lilie war das königliche Erkennungszeichen und deutet am Zuber vermutlich auf das vom König verliehene Marktrecht hin.

So, nun habt ihr eine ganze Menge über alte Maße und Einheiten erfahren. Lauft doch mit euren Eltern selbst einmal über den Markt am Münster und findet heraus, wie die Händler heutzutage ihre Ware abmessen.

Manuela Klaas

  Was verbinden viele Menschen mit dem Schwarzwald?

a) **Taschenuhr** *b)* **Kuckucksuhr** *c)* **Armbanduhr**

Freiburg

Geheimnis
20

Sandsteintafeln
Der schwarze Berthold

Bruder Berthold experimentiert in den Kellergewölben des Klosters.

Kabumm! Mit einem lauten Knall explodiert das Gefäß auf dem Ofen, der darin liegende Stößel wird herausgeschleudert und bleibt tief im Deckenbalken stecken. Alarmiert eilen aus allen Ecken des Klosters Mönche herbei und kämpfen sich hustend durch die verqualmte Luft. Sie finden einen ihrer Ordensbrüder rußverschmiert, aber weitestgehend unversehrt am Boden liegend. Die Wucht der Explosion hat ihn umgerissen. Nachdem die Mönche des Franziskanerklosters sich davon überzeugt haben, dass ihrem Bruder wirklich nichts passiert ist, versuchen sie den Stößel aus dem Balken zu ziehen. Doch selbst nach dem Berühren des Werkzeugs mit den im Kloster verehrten Reliquien der heiligen Barbara lässt es sich nicht bewegen. Es wird für immer dort oben steckenbleiben.

Was war passiert? Bruder Berthold Schwarz hatte in einem Mörser Salpeter, Schwefel und Holzkohle mit dem Stößel zu Pulver zerstampft und dieses Gemisch aufs Feuer gestellt. Kurze

Zeit später entzündete sich der Inhalt des Mörsers und zerriss das Gefäß. Berthold der Schwarze, wie er im Kloster auch genannt wurde, hatte mit Schwarzpulver experimentiert!

Zwei Sandsteintafeln, die in die Säule eines Brunnens auf dem Rathausplatz eingemauert sind, erinnern an das spektakuläre Ereignis. Manche Menschen behaupten sogar, Berthold habe das Schwarzpulver erfunden. Aber so ganz genau weiß man das nicht: Immerhin wird in chinesischen Schriften schon um 300 n. Chr. ein Schwarzpulver erwähnt, das allerdings nicht explosionsfähig war.

Der Legende nach lebte der Freiburger Berthold Schwarz im 14. Jahrhundert und war Alchemist. Heute würde man sagen: Er war Chemiker. Doch im Mittelalter gab es diese Bezeichnung noch nicht. Berthold Schwarz studierte die dunklen Künste der Magie und Metallwissenschaft. In den Kellergewölben des Klosters experimentierte er mit vielen verschiedenen Materialien und Stoffen. Zur damaligen Zeit versuchten die Alchemisten unedle Metalle in Gold und Silber zu verwandeln. Immer brodelte, zischte und stank es um sie herum. Heute weiß man, dass es keinem von ihnen gelang, Gold künstlich herzustellen. Doch manchmal entdeckten sie bei ihren zahlreichen Versuchen zufällig neue Substanzen und chemische Verbindungen.

Mit einem lauten Knall explodiert das Gefäß auf dem Ofen.

So war es auch mit dem explosionsfähigen Schwarzpulver. Dieses wurde jedoch nicht, wie man meinen könnte, nach seinem möglichen Entdecker Berthold Schwarz benannt, sondern nach seiner Farbe: Schwarzpulver ist in der Tat richtig schwarz!

Bruder Berthold experimentierte weiter: Die verwendeten Mörser und Töpfe dienten ihm als Vorlage für die ersten einfach gebauten Kanonen. Der schwarze Berthold füllte robuste Metallgefäße mit dem gerade entdeckten Schwarzpulver und umschloss sie mit Eisenbändern. Nachdem er sie dem Feuer ausgesetzt hatte, zerbarsten sie mit lautem Krachen in der Luft.

Doch zeigte sich die Wirkung des Schwarzpulvers nicht nur an den Gefäßen, in denen es der Hitze ausgesetzt wurde: Die Wucht der Explosionen riss große Stücke aus den Kellermauern! Aber Berthold ließ sich davon nicht abschrecken. Er suchte nach Verwendungsmöglichkeiten für seine Entdeckung und entwickelte die erste Feuerwaffe – die Steinbüchse. Sie hatte ein langes Rohr, in dem sich eine Steinkugel befand, die mit Hilfe des dahinter entzündeten Schwarzpulvers abgeschossen wurde.

> **So geht's zu den Sandsteintafeln:**
>
> Der Berthold-Schwarz-Brunnen, in dessen Säule die beiden Bildtafeln eingelassen sind, steht mitten auf dem Rathausplatz.

Den anderen Mönchen waren Bertholds hochexplosive Versuche indes nicht geheuer: Sie bezeichneten seine Forschungen als Teufelswerk und fürchteten den finsteren und unheimlichen Gesellen. Des Öfteren wurde er von seinen Mitbrüdern ins Verlies gesperrt. Vielleicht lagen die Mönche mit ihrer Vermutung, Berthold sei mit dem Teufel im Bunde, auch gar nicht so falsch: Immerhin wurden die Erfindungen des schwarzen Berthold in späteren Jahrhunderten bei unzähligen Kriegen verwendet.

Aber die Entdeckung des Schwarzpulvers hatte auch ihr Gutes: Ohne Schwarzpulver als Antrieb würde an Silvester keine einzige Rakete in den Himmel steigen – und wir könnten das neue Jahr nicht mit Tausenden von glitzernden, bunten Sternen begrüßen. Und das wäre ja nun wirklich sehr schade!

Manuela Klaas

? Was kann man im Gewerbekanal in der Gerberau entdecken?

a) einen Delfin b) ein Krokodil c) ein Flusspferd

Freudenstadt

Großvatertanne
Baum gerettet!

Geheimnis 21

Ganz winzig sieht Hermann Weber neben der mächtigen Großvatertanne aus.

Sitzt ihr auch oft gemeinsam mit eurem Großvater in einem gemütlichen alten Ohrensessel und erzählt ihm von den Geschichten, die ihr erlebt habt? Bestimmt lacht ihr dann zusammen über die lustigen Sachen, die euch passiert sind. Manchmal geschehen aber auch traurige Dinge, und dann hört sich der Opa eure Sorgen an. Doch

Großväter können nicht nur wunderbar zuhören, sie lesen auch vor, unternehmen spannende Ausflüge und spielen gerne „Mau-Mau" oder „Mensch-ärgere-dich-nicht". Solch einen Großvater hatte auch Hermann Weber. Und weil sein Großvater so ein besonderer Mensch für ihn war, benannte er einen Baum nach ihm.

Und das kam so: Im Sommer des Jahres 1970 ging der junge Forstanwärter Weber mit dem damaligen Revierleiter des Forstamts Freudenstadt durch den Wald und markierte all jene Bäume, die später gefällt werden sollten. Dazu schlug er mit dem Beil eine Kerbe in den Stamm. Der Förster nennt das „schalmen". Auf ihrem Streifzug durch den Wald kamen die beiden auch zu einer gewaltigen alten Weißtanne. Hermann Weber erinnert sich noch ganz genau, dass der erfahrene Forstmann ihm verschiedene Fragen zu diesem mächtigen Baum stellte. Etwa, wie die Tanne am besten gefällt werden könnte, ohne dass die umstehenden Bäume Schaden nähmen. Oder, wieviel Festmeter Holz das dann seien. Wahrscheinlich ziemlich viele, die auch eine Menge Geld einbringen könnten, denn der Baum war sehr hoch und ein Festmeter entspricht einem Holzwürfel, dessen Seiten alle einen Meter lang sind. Doch anstatt all diese Fragen zu beantworten, stellte Hermann Weber mutig eine Gegenfrage: „Können wir die Tanne nicht einfach stehen lassen?" Der Revierleiter reagierte völlig entrüstet: „Fehlt Ihnen etwa der Mut, diesen Baum zu fällen?" Hermann Weber ließ sich jedoch nicht einschüchtern und erklärte dem älteren Kollegen, dass die mächtige Tanne in ihm spontan eine besondere Erinnerung wachgerufen habe: die an seinen Großvater, der immer spannende Geschichten zu erzählen wusste und seinen Enkel vor dem Zubettgehen noch einmal fest in den Arm nahm. Für ihn sähe es so aus, als lege dieser riesige Baum seine Äste beschützend über die umstehenden Nachkommen, gerade so als seien sie seine Kinder, Enkel und Urenkel.

Schmunzelnd gab der Revierleiter nach und sie überlegten gemeinsam, wie man am besten dafür sorgen könnte, dass der Baum auch in späteren Jahren nicht gefällt werden würde. Ein Name musste her, da waren sich die beiden schnell einig. Der Lehrförster, entsinnt sich Hermann Weber, sah ihn fragend an und wartete auf einen Vorschlag. Hermann Weber entschied sich spontan für „Großvatertanne". Verblüfft schüttelte der ältere Förster den Kopf: „Großvatertanne?" Doch sein Lehrling ließ sich nicht beirren: „Genau so muss dieser Baum heißen." Damit die Tanne aber wirklich für alle Zeiten stehen bleiben konnte, musste noch ein wenig mehr geschehen, als ihr nur einen Namen zu geben. Und so trug der Revierleiter dem jungen Forstanwärter auf, ein Schild mit der genauen Höhe und dem Umfang des Baums anzufertigen.

Dazu musste Hermann Weber die mächtige Tanne erst einmal vermessen. Das war gar nicht so einfach: Er nahm einen Spazierstock, auf dem alle zehn Zentimeter eine Kerbe eingeritzt war und suchte eine günstige Stelle, von welcher er den ganzen Baum sehen konnte. Dann hielt Hermann Weber den Stock mit ausgestrecktem Arm mit der Spitze nach oben in Richtung Baum. Von vorherigen Höhenmessungen wusste er, dass zwischen Auge und Spazierstock 60 Zentimeter Abstand waren. Nun richtete er die unterste Kerbe auf den Wurzelansatz und sah beim Abzählen der Markierungen, dass der sechste Strich genau auf die Spitze des Baumes zeigte, also ebenfalls 60 Zentimeter. Das Verhältnis der Höhe zur Entfernung war demnach 1:1. Als Nächstes schritt er den Abstand von seinem Standort zum Baum in großen, etwa 1 Meter langen Schritten ab. Nach 45 Schritten war er am Baum angelangt. Durch das vorher ermittelte Verhältnis war dann

Mit Hilfe eines Spazierstocks vermisst Hermann Weber die riesige Tanne.

auch jeder Meter Entfernung ein Meter Baumhöhe, somit 45 Meter. Dann legte er eine Schnur in Brusthöhe – das ist bei 1,30 Meter – um den alten Baum und erhielt den Umfang, woraus er nun den Durchmesser errechnete. Anschließend schaute er im Tabellenbuch nach, um über Brusthöhendurchmesser und Höhe die Masse des Holzes, also die Zahl der Festmeter, abzulesen. Bei einem so riesigen Baum wie der Großvatertanne muteten Hermann Webers Schnur und Meterstab geradezu winzig an:

Tatsächlich konnte er die Zahlen nur schätzen, da er mit seinen einfachen Werkzeugen keine genauen Werte erhielt.

Auch das Arbeitsgerät, mit dem er die Messergebnisse auf eine Holztafel schrieb, bastelte er selbst: Aus einem alten Bügeleisen fertigte Hermann Weber einen Brennapparat. Die Anleitung dazu fand er in einem Bastelbuch. Nachdem er Glühfaden, Stecker und Kupferdrähte des Bügeleisens mit dem verstellbaren Trafo einer elektrischen Spielzeugeisenbahn verbunden hatte, konnte Hermann Weber an seinem selbstgebauten Stift die Brennstärke einstellen und die Maße des Baums in ein Holzbrett einbrennen. Gemeinsam mit dem Revierleiter brachte er das Schild am Stamm des mächtigen Baums an. Das ist nun alles schon fast 50 Jahre her. Heute ist die Tanne mit ihren 46 Metern Höhe, einem Stammdurchmesser in Brusthöhe von 1,64 Meter sowie 37 Festmeter Holz die größte und mächtigste im ganzen Schwarzwald. Ihr Alter wird auf 250 bis 300 Jahre geschätzt. Niemand denkt mehr daran, sie zu fällen. Und so darf die Großvatertanne weiterhin über ihre Kinder, Enkel und Urenkel wachen.

Manuela Klaas

> **So geht's zur Großvatertanne:**
>
> Die mächtige Tanne steht zwischen Freudenstadt und Loßburg im Wald. Vom Parkplatz „Lauferbrunnen" folgt ihr einfach der Beschilderung.

Wie nennt man das Instrument, das Hermann Weber bei der Vermessung der Höhe mit seinem Spazierstock und dem kurzen Stab nachbildete?

a) Jakobsstab b) Wilhelmsstock c) Franziskanerrohr

TIPP: Auch die Seefahrer nutzten dieses Instrument früher, um mit Hilfe des Winkels, in dem die Sonne zum Horizont stand, ihre Position auf dem Meer zu berechnen.

Friedrichstal

Grube
Verschollen und wiederentdeckt

Das Mundloch der „Unteren Sophia" blieb jahrhundertelang unentdeckt.

Tief verborgen im Hang und von dichtem Gestrüpp überwuchert, liegt der Eingang zu einem ehemaligen Bergwerk versteckt: zu der Grube „Untere Sophia". Gut 230 Jahre lang war diese Öffnung – die Fachleute sprechen vom „Mundloch" – verschüttet. Und bis vor etwa 20 Jahren wusste auch niemand, dass es überhaupt einen Stollen in Friedrichstal gab. Erst als die Männer der Friedrichstaler Dorfgemeinschaft einen Heimatpfad anlegen wollten, um an die industrielle Vergangenheit des Ortes zu erinnern, stieß der Gemeindehistoriker Wilhelm Günter auf eine Karte, in der ein altes Bergwerk eingezeichnet war. Mit Hilfe dieser Karte konnten die Männer die Stelle bestimmen, an der die vermutete Grube sein musste. Das war eine kleine Sensation – doch würde die Dorfgemeinschaft den verborgenen Bergwerksstollen finden? Immerhin war er über Jahrhunderte hinweg unentdeckt geblieben! Voller Tatendrang zogen die Friedrichstaler wie in alten Zeiten mit Spitzhacke und Schaufel los. Doch so sehr sie auch gruben und schlugen, die „Untere Sophia" zeigte sich nicht. Auch im benachbarten

Friedrichstal

Christophstal wurde schon seit Längerem nach alten Bergwerksstollen gegraben. Und so blieb es nicht aus, dass sich die Suchenden gegenseitig austauschten. Die Friedrichstaler bekamen viele gute Ratschläge aus der Nachbargemeinde, wie man auf die verschollene Grube stoßen könne. Nun setzten sie auch einen Bagger ein und – siehe da: Unerwartet schnell, nach gerade einmal vier Wochen, entdeckten sie das Mundloch des weit über 400 Jahre alten Bergwerks.

Die „Untere Sophia" ist nämlich eines der ältesten Bergwerke im Nordschwarzwald. Erste Aufzeichnungen finden sich aus dem Jahr 1593. Allerdings vermutet man, dass die Grube bereits Mitte des 13. Jahrhunderts existierte. Früher suchten die Menschen hier unter großen Gefahren nach kostbaren Erzen und Mineralien. Männer, aber auch Kinder, arbeiteten oft barfuß und ohne warme Kleidung in der feucht-klammen Luft unter Tage. Die Aufgabe der Kinder bestand darin, so genannte Suchstollen anzulegen, die gerade einmal 50 Zentimeter hoch und so eng waren, dass nur sie hineinkriechen konnten. Anhand des Abbaumaterials, das sie herausbrachten, entschieden die Bergleute, ob es sich lohnen würde, den Stollen in dieser Richtung voranzutreiben. Zwölf Stunden am Tag und mehr klopften die Kinder mit Bergeisen und Schlägel gegen die Wände. Dass da keine Zeit zum Spielen blieb, könnt ihr euch sicher denken! Zudem war die Arbeit unglaublich mühsam: Der Stein war äußerst hart, sodass sie nur wenige Zentimeter in der Woche vorankamen. Um im dunklen Stollen überhaupt etwas sehen zu können, benutzten sie Öllämpchen und Kienspäne aus harzreichem Holz wie der Kiefer. Diese wurden wie ein einfaches Feuerholz angezündet und brannten dann für eine Weile. Je tiefer sich die Bergleute in die Erde vorarbeiteten, desto mehr Wasser stand im Stollen. Da die Menschen früher dachten, die Erde sei eine Scheibe und nicht eine Kugel, lebten die Bergarbeiter in ständiger Angst, irgendwann so tief zu graben, dass sie durch diese Scheibe brechen und ins

> **So geht's zur Grube:**
>
> Vom Parkplatz „Fischerhütte" sind es noch etwa 100 Meter bergauf bis zum Mundloch der „Unteren Sophia".

Nichts stürzen würden! Die „Untere Sophia" war übrigens die einzige Grube im Nordschwarzwald, in der man Kobalterze fand. Mit Kobaltblau wurde Glas und Keramik eingefärbt. Im Mittelalter hielten die Menschen die Kobalterze häufig für wertvolle Silber- und Kupfererze. Da sie sich aber nicht verarbeiten ließen und beim Erhitzen schlecht rochen, glaubten viele, sie seien verhext. Die Bergleute waren fest davon überzeugt, dass Schabernack treibende Kobolde das kostbare Silber aufgefressen und an seiner Stelle wertlose silberfarbene Erze ausgeschieden hätten.

Heute ist das Mundloch mit einem Eisengitter versperrt. Über dem Eingang sind die Zahlen 1593 und 1995 in den Stein gemeißelt und dazwischen die gekreuzten Werkzeuge Schlägel und Eisen, die der Bergmann sein „Gezäh" nennt. Die erste Zahl steht für das Jahr, in dem die „Untere Sophia" bereits auf einer Karte eingezeichnet war, und die zweite für das Jahr ihrer Entdeckung. Wenn ihr durch die Stäbe am Eingang blickt, könnt ihr die ockerfarbenen, feucht glitzernden Wände sehen. In kleinen Rinnsalen läuft das Wasser den grob gehauenen Felsen hinab und versickert in den Ritzen des Bodens. Überall funkelt es: Die grottenartige Höhle wirkt wie eine unterirdische Schatzkammer! Wie lang der Stollen ist und wo er endet, das weiß niemand so richtig. Im Mai 2015 wurde die „Untere Sophia" vom Bergamt auf einer Länge von 60 Metern als Besucherbergwerk freigegeben. Nun könnt ihr bei einer Führung – gut ausgerüstet mit Gummistiefeln – selbst einmal tiefer in die geheimnisvolle Grube vordringen. Ach, übrigens: Den Bürgern von Friedrichstal ist bewusst, wie viel Glück sie hatten, dass sie ihre Dorfgrube so schnell gefunden haben. Denn in Christophstal sucht man heute noch!

Manuela Klaas

Was machte Friedrichstal im 19. Jahrhundert in aller Welt bekannt?

a) **die Herstellung hochwertiger Sensen**
b) **der Bau reich verzierter Kuckucksuhren**
c) **die Erfindung des Schwarzwälder Kirscheises**

Furtwangen

Günterfelsen
Magische Wollsäcke mitten im Wald

Geheimnis 23

Groß und mächtig stehen sie da mitten im Furtwanger Zauberwald: die Günterfelsen.

Wanderstiefel an und losmarschiert! Jetzt geht es dort hin, wo der Schwarzwald am tiefsten, am dichtesten und auch am geheimnisvollsten ist. Wir fahren nach Furtwangen in den Zauberwald, denn da gibt es einen ganz besonderen, fast schon magischen Ort.

Startpunkt ist das Gasthaus Kolmenhof, das am Fuße des Brend, des über 1100 Meter hohen Hausbergs von Furtwangen, liegt. Gegenüber steht eine kleine Kapelle, die Martinskapelle. Von dort aus geht es auf einem Weg, der mit einer roten Raute gekennzeichnet ist, in Richtung Brend. Nach kurzer Zeit kommt man zum Kolmenkreuz. Und schon ist man mitten im Zauberwald! Riesige Tannen ragen in den Himmel, daneben stehen große Laubbäume. Farne, Moos, Gräser – alles wächst und wuchert. Psst! Habt ihr das gehört? Da, hinter dem Baum? Nein? Schaut noch mal genauer hin! Vielleicht ist ja eine kleine Elfe vorbeigeflogen! Hier ist die Natur so schön und ursprünglich, wie man es selten sieht. Kein Wunder, schließlich befinden wir uns mitten in einem 1,7 Hektar großen Naturschutzgebiet. Wenn ihr also ungefähr einen Kilometer durch den Wald gelaufen seid, seid ihr am Ziel. Da, seht ihr?

Riesige Steine, mitten im Wald! Versteckt zwischen hohen Tannen und dichten Farnen! Hier kann man prima klettern und sich verstecken. Aber – wie sind die großen Brocken da bloß hingekommen? Mit einem Bagger? Nein, die Geschichte dieser Steine, der Günterfelsen, geht zurück in eine Zeit, in der es keine Bagger und Kräne gab – und auch noch gar keine Menschen. Vielleicht habt ihr schon mal vom „Tertiär" gehört? Das ist die Zeit vor 60 bis 2,5 Millionen Jahren, zwischen der Kreidezeit, in der die großen Dinosaurier lebten, und der Eiszeit. Im Tertiär herrschte ein tropisches bis subtropisches Klima, das heißt, es war die ganze Zeit Sommer mit Temperaturen um die 30 Grad. Zu dieser Zeit entwickelte sich die Tier- und Pflanzenwelt, wie wir sie heute kennen. Doch nicht nur die Tiere und Pflanzen entstanden, sondern auch verschiedene Gebirge, wie die Alpen, die Pyrenäen – und die Günterfelsen im Schwarzwald bekamen ihre besondere Form!

Die sind freilich kein Gebirge, sondern vielmehr eine Felsburg. „Die Felsen sind aus Granit", weiß Dr. Manfred Martin vom Landesamt für Geologie, Rohstoffe und Bergbau im Regierungspräsidium Freiburg, „und sie sind noch immer am ursprünglichen Ort ihrer Entstehung." Ursprünglich waren die Günterfelsen also Granitblöcke und sahen anders aus. Doch im Laufe der Zeit sind sie verwittert. Und genau das passierte im Tertiär, denn zu dieser Zeit war die Bedingung des tropischen Klimas gegeben. Sonne, Regen und Sauerstoff setzten den Granitblöcken zu, es bildeten sich schalig-rundliche Formen im Stein. „Das führte dazu, dass von dem einst kompakten Gesteinsverband nur noch rundliche Blöcke übrig blieben, die aussehen, als hätte man sie aufeinandergetürmt", erklärt Manfred Martin. Diese Art der Verwitterung nennen die Forscher „Wollsackverwitterung". Die Felsen sehen ein bisschen aus wie aufeinandergestapelte Säcke, oder? Und weil die Menschen früher solche groben Säcke oft mit Wolle füllten, um darauf zu schlafen, hießen diese Säcke „Wollsäcke". Daher auch der Fachbegriff „Wollsackverwitterung". Ihren letzen Feinschliff bekamen die Günterfelsen dann während der Eiszeit: Das Schmelzwasser formte sie schön rund.

Was meint ihr, warum heißen die aufgetürmten Steine in Furtwangen ausgerechnet Günterfelsen? Die Antwort ist ziemlich einfach. Der Bauer, der sie einst entdeckte, hieß mit Nachnamen Günter – und nach ihm wurden sie benannt. Hätte er jetzt Müller oder Meier gehießen, wären sie so getauft worden. Meierfelsen wäre auch lustig gewesen, oder?

Sabine Wienrich

> **So geht's zu den Günterfelsen:**
>
> Start der Wanderung ist am Kolmenhof, hier kann man auch parken. Dann zu Fuß der roten Raute folgen. Die Wanderung ist im Frühjahr und Sommer kinderwagentauglich – und ungefähr einen Kilometer lang.

Wofür gibt es eine Miniatur-Nachbildung des Furtwanger Brendturms?

a) für das Barbiehaus
b) für die Modelleisenbahn
c) für ein Gesellschaftsspiel

Gütenbach

Balzer Herrgott
Von der Natur umschlungen

Geheimnis
24

Eingewachsen in den Stamm einer alten Weidbuche schaut nur noch der Kopf des „Balzer Herrgotts" zwischen dem herzförmigen Wulst der Rinde hervor.

Ein bisschen verwunschen wirkt der Wald südlich von Gütenbach. Frisches Moos wächst über knorrige Wurzeln, Vögel zwitschern und das leise Rauschen des Windes ist in den Baumwipfeln zu hören. Wenn man Glück hat, entdeckt man in der Dämmerung sogar ein Reh im Dickicht. Und als wäre das alles nicht schon märchenhaft genug, gibt es hier auch einen äußerst geheimnisvollen Baum. Da, seht ihr den steinernen Kopf mit dem langen, wallenden Haar und der Dornenkrone, der aus einer stattlichen Buche herausschaut? Wie ein gütiger alter Mann blickt der Balzer Herrgott auf die vorbeikommenden Wanderer herab. Doch Christusfiguren wachsen nicht in Bäumen – wie also kam die Gestalt in die alte Weidbuche hinein?

Will man das Rätsel lösen, hilft das Wissen, dass es in den vergangenen Jahrhunderten wesentlich mehr Christuskreuze gab als heute. Fast an jeder Weggabelung oder Anhöhe stand eines. Bei vielen handelte es sich um Wetterkreuze, die als Schutz vor Naturkatastrophen oder auch im Gedenken an Unglücksfälle errichtet wurden. Fast jeder Hof hatte sein eigenes Kreuz, das von Generation zu Generation weitervererbt und gepflegt wurde. Starb die Familie aus, so kümmerte sich niemand mehr um das familieneigene Hofkreuz und es verfiel. Wahrscheinlich war auch der Körper des Balzer Herrgotts ursprünglich an einem solchen Kreuz befestigt. Manche Menschen glauben, dass die Christusfigur vom Königenhof in Neukirch, einer Nachbargemeinde Gütenbachs, stammt. Dieser Hof wurde 1844 durch eine Lawine zerstört. Jahre später sollen zwei Bauernknechte den Korpus heimlich fortgeschleppt und in der Nähe der Buche liegengelassen haben. Dort fanden ihn dann zwei Gütenbacher Uhrmachergesellen und schraubten die Christusfigur an der wetterabgewandten Seite der Weidbuche fest.

Heute glaubt man, dass dies zwischen 1870 und 1880 geschah. Damals muss die Buche schon etwa 170 Jahre alt gewesen sein. Von einem Foto, das im Frühjahr 1927 aufgenommen wurde, weiß man, dass die steinerne Christusfigur nicht nur ein Gesicht hat. Im Baum versteckt befindet sich der ganze Torso, also ein Körper ohne Arme und Beine, die alle bis auf die Stümpfe abgebrochen sind. Manch einer vermutet, dass bei dem Lawinenunglück das Hofkreuz mit der Sandsteinfigur durch die Wucht der Schneemassen zerschlagen wurde. Andere wiederum behaupten, das Vieh habe dem auf dem Boden liegenden Herrgott die Arme und Beine abgetreten. Feststellen lässt sich das heute nicht mehr.

Auf dem Foto von 1927 ist die Figur lediglich an den Lenden eingewachsen. Sicher ist auch, dass sich am Rücken des Torsos Eisenstäbe befinden, mit denen früher große Steinkreuze verstärkt wurden. Noch in der Mitte des vergangenen Jahrhunderts konnte man die Stäbe in der Buche ertasten. Es ist gut möglich, dass der Körper mit diesen Stäben am Baum befestigt wurde. Im Laufe der Zeit wuchs die Buche dann fast völlig um die Sandsteinfigur herum.

In Märchenfilmen ist es nichts Ungewöhnliches, dass Bäume Dinge verschlucken, die dann für immer verschwinden. Solche Szenen werden im Studio mit Hilfe eines Computers erstellt. Doch in Wirklichkeit? Handelt es sich bei der Weidbuche vielleicht um so etwas Ähnliches wie eine fleischfressende Pflanze? Nur dass der Balzer Herrgott nicht aus Fleisch, sondern aus Stein ist. Spricht man dann von einer steinfressenden Pflanze? Nein! Die Buche hat die Christusfigur nicht gefressen. Da Bäume einen Fremdkörper nicht einfach abschütteln oder abstoßen können, müssen sie ihn sich einverleiben. Der Fachmann nennt das „überwallen". Verschwindet der Fremdkörper tief in ihrem Innern, so behindert er die Wachstumsschicht nicht mehr. Diese Schicht, die als feine grüne Zone zwischen Holz und Rinde verläuft, bildet Wundgewebe, das sich von den Seiten her über den Störenfried schiebt. Solche Strukturen, wie die normale Rinde, zeigt der neue Wulst aber nicht. Ist die Wunde geschlossen, dann bildet diese Schicht auch über der ehemaligen Wunde wieder normale Zellen. So kann der Baum Verletzungen heilen, die bis ins Holz hineindringen: Dem Baum geht es trotz des Fremdkörpers bestens.

Bliebe noch zu klären, wie der Balzer Herrgott überhaupt zu seinem Namen kam. Auch hier gehen die Meinungen stark auseinander: Manche berichten, er sei von einem Bauern namens Balthazar gefertigt worden. Andere behaupten, der Name käme von einer Familie Balzar, die bis Ende des 19. Jahrhunderts in Neukirch lebte. Am wahrscheinlichsten ist jedoch, dass sich der Name von der Auerhahnbalz ableitet, weil bei der Buche ein Balzplatz war, den die Hühnervögel vor der Paarung aufsuchten.

Noch heute erzählt man in Gütenbach von den Auerhähnen, die es früher hier gab.

Wenn man die eingewachsene Figur so anschaut, dann könnte man meinen, die Buche wolle mit ihrer innigen Umarmung den Heiland vor allem Bösen auf der Welt beschützen. Hätte 1986 der Schnitzer Josef Rombach nicht Kopf und Brust der Figur freigelegt, wäre sie schon längst im Stamm der alten Buche verschwunden. Damals übte die Umwallung einen starken Druck auf den Kopf der Christusfigur aus, sodass zu befürchten war, dass dieser abgesprengt würde. Um das freigelegte Holz gegen Pilze und Feuchtigkeit zu schützen, versiegelten es zwei Baumspezialisten von der Insel Mainau. Sie schufen zudem eine künstliche Rinde, die an ein Herz erinnert. Im Oktober 1995 wurde schließlich eine Rille um diesen Wulst geschnitzt, um weiteres Wachstum zu verhindern.

Und so schaut der Balzer Herrgott noch heute wohlwollend aus seinem herzförmigen Fenster auf die vorbeikommenden Spaziergänger hinab.

Manuela Klaas

> **So geht's zum Balzer Herrgott:**
>
> An der Bushaltestelle in der Ortsmitte von Gütenbach fährt man über den Breiteckweg bis zum Wanderparkplatz „Fallengrund". Von dort geht es nur zu Fuß weiter. Nach ungefähr 20 Minuten erreicht ihr den Balzer Herrgott.

Wie heißt die alte Schwarzwälder Sägemühle in Neukirch, die als einzige Mühle im Schwarzwald von zwei Wasserrädern angetrieben wird?

a) Teufelsschlundmühle
b) Geisterspukmühle
c) Hexenlochmühle

Haslach

Kindlesbrunnen
Kreuzlestecken für ein Geschwisterchen

Geheimnis
25

Ganz verwunschen liegt die moosbewachsene Grotte über dem Kindlesbrunnen.

Habt ihr schon einmal davon gehört, dass Kinder, die sich ganz arg ein Geschwisterchen wünschen, ein Zuckerstückchen auf die Fensterbank legen? Wenn der Storch dann übers Haus fliegt, sieht er den Zucker und zwickt die Mutter ins Bein. Fortan muss diese das Bett hüten und kurze Zeit später holt der Storch das Baby aus einem naheliegenden Gewässer und bringt es – in ein Tuch gewickelt – der Mutter. Über Jahrhunderte hinweg erzählten Eltern diese Geschichte ihren Kindern. Bis in die 1960er-Jahre haben viele Kinder fleißig Zuckerstücke auf Fensterbänken verteilt. Doch warum brachten die Menschen ausgerechnet den Storch mit dem Kinderkriegen in Verbindung?

Früher glaubte man, dass die Seelen der ungeborenen Kinder im Wasser wohnen. Und da der Storch viel in Tümpeln und Teichen

So geht's zum Kindlesbrunnen:

Nach 30 Gehminuten erreicht man von Haslach aus über den Hansjakobweg den Heiligen Brunnen.

herumschnäbelt, wählten die Menschen ihn als Babybringer aus. Nun, Zuckerstückchen legt heute niemand mehr auf die Fensterbank. Aber in Haslach pflegen viele Kinder immer noch einen anderen Brauch. Auch er ist eng mit dem Element Wasser verknüpft, das schon immer als Symbol für neues Leben galt. So manches Haslacher Kind glaubt nämlich, dass die Babys aus dem Heiligen Brunnen kommen, der sich hoch über der Stadt im Wald befindet und deswegen auch „Kindlesbrunnen" genannt wird. Mit dem Wunsch nach einem Geschwisterchen im Herzen stiefeln sie den steilen Weg hinauf. Unterwegs halten sie Ausschau nach kleinen Hölzern, die sie mit Hilfe eines mitgebrachten Wollfadens zu einem Kreuz binden. Dieses kleine Holzkreuz stecken sie dann ins Erdreich der mit Moos überwachsenen Grotte, in der auch eine betende Marienfigur steht, die schützend über den Brunnen wacht. Die Haslacher nennen diesen Brauch „Kreuzlestecken". Um die Hölzer in den Boden stecken zu können, müssen die Kinder durch die Stäbe des eisernen Gitters hindurchgreifen, das die Grotte versperrt. Viele Holzkreuze haben sich im Laufe der Zeit hier angesammelt. Hinter jedem steckt der innige Wunsch nach einem kleinen Bruder oder einer Schwester. Wenn ihr selbst einmal unterwegs hinauf zum Kindlesbrunnen seid und euch zufällig gerade noch ein Geschwisterchen wünscht, dann macht es doch ebenso wie die Haslacher Kinder und stellt ein kleines Kreuz in die Grotte. Wer weiß, vielleicht geht euer Wunsch ja bald in Erfüllung!

Viele Kreuze stecken im Boden der kleinen Grotte.

Manuela Klaas

Welche heilende Kraft wird dem Wasser der Quelle zugeschrieben, die den Heiligen Brunnen speist?

a) lindert Ohrenschmerzen   b) hilft bei Augenleiden
c) heilt offene Wunden

Haslach

Schutzmantelmadonna
Zuflucht für eine ganze Familie

Geheimnis 26

Unter dem weiten Schutzmantel der Madonna mit dem Jesuskind auf dem Arm findet die ganze Familie Haser mit ihrer Katze und dem neuen Haus Platz.

Was muss das für eine Entdeckung gewesen sein! Die Forscher sind sich nicht ganz einig, aber es soll vor ungefähr zwei Millionen Jahren gewesen sein, als die Menschen lernten, vor einem Feuer nicht bloß davonzulaufen, sondern es zu beherrschen. Damals, in der Steinzeit, fanden sie heraus, dass ein gezähmtes Feuer wärmt, dass es Licht in die Dunkelheit bringt und dass gekochtes Essen manchmal besser schmeckt und bekömmlicher für den Magen ist als rohes. Davon profitieren wir alle bis heute. Was wäre schließlich ein Haus ohne Heizung, Weihnachten ohne Kerzenlicht oder Stockbrot ohne Lagerfeuer?

Aber ebenso sehr, wie die Flammen helfen können, können sie auch zerstören. Manchmal dauert es nur wenige Augenblicke und ein Feuer gerät außer Kontrolle. Dann kann es sogar lebensgefährlich werden.

Wahrscheinlich sind es gerade diese zwei gegensätzlichen Seiten des Elements Feuer, die die Menschen so faszinieren. Unzählige Geschichten wurden über Feuer geschrieben und viele, viele Bilder gemalt.

Auch den Künstler Frieder Haser aus Haslach hat das Thema beschäftigt. Denn eines Tages stieg der damals 29 Jahre alte Maler und Bildhauer auf das Dach seines Elternhauses und malte einen Feuerteufel mit zwei spitzen roten Hörnern auf den Kamin. Frech grinste er von da an auf die Bewohner des Städtchens herunter und hielt sich dabei mit nur einer Hand am Rand des Kamins fest. Frieders Mutter Yvonne war davon nicht besonders begeistert, aber was sollte sie tun, nun, da die Figur einmal gemalt war?

Und dann geschah es: Am 2. Februar 1982 brach um fünf Uhr morgens in dem Fachwerkhaus der Familie Haser in der Altstadt Feuer aus. Innerhalb weniger Minuten hatten die Flammen das Dachgeschoss erreicht. Doch genau dort schlief Frieder Hasers Bruder Christoph friedlich in seinem Bett. Rauch und Hitze weckten den 20-Jährigen auf. Christoph versuchte aus dem brennenden Haus zu fliehen, doch die Flammen versperrten den Weg über die Treppe. Ihm blieb nur eine Möglichkeit: aus dem kleinen Fenster zu klettern und sich am Fahnenmast festzuhalten. Dort hing er knapp zehn Minuten lang, bis seine Arme ihn nicht mehr hielten. Mit letzter Kraft schaffte es der junge Mann, sich auf das Dach des Nachbarhauses zu schwingen. In diesem Moment traf auch die Feuerwehr ein und

> **So geht's zur Schutzmantelmadonna:**
>
> Die Marienfigur hängt an dem Fachwerkhaus in der Pfarrgasse 9.

rettete ihn. Auch sonst wurde niemand verletzt. Die Familie Haser war noch einmal mit dem Schrecken davongekommen. Ihr Haus aber brannte fast vollständig ab. Übrig blieb der gemauerte Kamin und mit ihm – wie hätte es anders sein können – der frech über den Trümmern grinsende Feuerteufel. Eine Erklärung, warum das Feuer ausgebrochen ist, gibt es bis heute nicht. Aber Yvonne Haser wusste sofort, was sie zu tun hatte, damit so etwas nicht noch einmal passieren würde: Sie beauftragte ihren Sohn eine Marienfigur anzufertigen, die künftig ihr Haus beschützen sollte. Frieder gab sich große Mühe und schnitzte eine wunderschöne Maria mit dem Jesuskind auf dem Arm. Sie trägt einen blauen Mantel, der so weit ist, dass nicht bloß sie und ihr Kind darunter Platz haben, sondern die ganze Familie Haser mitsamt ihrer Katze und dem neuen Haus. Denn die Familie hatte sich von dem Feuer nicht einschüchtern lassen und baute an genau derselben Stelle in der Pfarrgasse ein neues Fachwerkhaus. Bereits ein Jahr später konnte sie einziehen. Die Schutzmantelmadonna, wie die Familie die Marienfigur nennt, wurde im zweiten Stock zwischen zwei Fenstern angebracht. Wenn ihr an der Fassade des Hauses nach oben schaut, könnt ihr sie sehen.

Und der Feuerteufel? Der ist mit den restlichen Trümmern nach dem Brand abtransportiert worden. Denn auch in dieser Sache war sich Frieders Mutter ganz sicher: So eine Fratze würde ihr nie mehr ins Haus kommen!

Manuela Klaas

Wie viele Mitglieder der Familie Haser beschützt Maria unter ihrem Mantel?

a) 6 b) 9 c) 11

- *Tipp: Für manche Leute gehören nicht nur Menschen zu einer Familie dazu.*

Haslach

Geheimnis
27

Wandgemälde
Erinnerung an ein altes Versprechen

Der Künstler Frieder Haser hat Storchentag und Storchenvater in einem Gemälde festgehalten.

Einmal im Jahr läuft ein Mann mit einem langen Mantel und einem Zylinder auf dem Kopf, an dessen Seite zwei bemalte Störche aus Holz befestigt sind, durch Haslach. Auf seinen Rücken hat er zwei Brotlaibe geschnallt. Eine Horde Kinder, die ihm folgt, ruft immer wieder: „Heraus, heraus", während der merkwürdige Mann mit einem langen Stock an die Fenster der Haslacher Häuser klopft. Handelt es sich hierbei um einen Rattenfänger, wie es ihn vor langer Zeit in Hameln gab? Weit gefehlt! Mit dem seltsamen Mann hat es eine ganz andere Bewandtnis: Es ist der Storchenvater, der am Storchentag eine Brezeln und Süßigkeiten fordernde Kinderschar anführt. Jedes Jahr am 22. Februar begehen die Haslacher diesen besonderen Tag. Damit erfüllen sie ein Versprechen, das sie im 17. Jahrhundert, also vor fast 400 Jahren, gegeben haben. Der Maler Frieder Haser, dem ihr auch in Geheimnis 26 begegnet, hat ein riesiges Bild von diesem Tag gemalt. Es befindet sich an einer Hausfassade am Rande der historischen Altstadt, dort wo noch ein Reststück der alten Stadtmauer zu sehen ist. Frieder Hasers Fassadenmalerei teilt sich in zwei Hälften: Die linke Seite zeigt die Haslacher Stadtkirche mit dem Kirchturm und daneben einen Kornspeicher der Grafen zu Fürstenberg, den „Kasten", auf welchem einst Störche nisteten. Auf der rechten Bildhälfte sieht man den Storchenvater mit dem langen Stock inmitten der Kinderschar. Aus einem offenen Fenster werfen zwei Frauen den Kindern Äpfel und Brezeln herunter. Dieses Bild hielt selbst für den heutigen Storchenvater Alois Krafczyk, der in Haslach aufgewachsen ist und jeden Winkel des Örtchens kennt, ein kleines Geheimnis bereit: Durch den Spürsinn von Lasse Lupe erfuhr er, dass der gemalte Storchenvater nicht irgendein Kind an der Hand hält – das kleine Mädchen im roten Hemd ist Frieder Hasers Tochter Alma.

So geht's zum Wandgemälde:

Das Bild befindet sich im Inneren Graben an der Fassade des Hauses Nummer 6.

Doch was genau hat es mit dem Versprechen auf sich? Damals machte sich eine große Ungezieferplage über die Felder rund um Haslach her. Schnecken, Würmer, Heuschrecken und Schlangen drohten die Ernte zu vernichten. Die Haslacher hatten schreckliche Angst vor einer Hungersnot und flehten den Himmel um Hilfe an. Sollten sie gerettet werden, dann – so gelobten sie verzweifelt – würden sie in Zukunft alljährlich am Fest des heiligen Petrus, das immer am 22. Februar begangen wird, Kinder und alte Leute beschenken. Das Flehen der Menschen wurde erhört: Störche flogen in Scharen herbei und fraßen das ganze Ungeziefer auf. Deshalb ziehen in Erinnerung an dieses alte Versprechen noch heute am Peterlestag, wie der Tag im Schwarzwald auch genannt wird, mehrere Hundert Kinder um Gaben heischend durch die Stadt. Dafür bekommen sie bereits um 11 Uhr morgens schulfrei, um eilig heimzulaufen und ihre weißen Leinensäckchen zu holen. Beim Mittagsläuten um Punkt Zwölf versammeln sich alle zum Angelusgebet an der Mühlenkapelle, die am östlichen Ausgang der Stadt steht. Das Angelusgebet ist übrigens nach seinen ersten Worten „Der Engel des Herrn" benannt, was auf Lateinisch „Angelus Domini" heißt. Nach dem Gebet zieht die fröhliche Kinderschar in Richtung Innenstadt. Vorneweg schreitet der Storchenvater mit seinem langen Mantel und dem Storchenzylinder auf dem Kopf. Die zwei Laibe Brot sind der Lohn für seine ehrenamtliche Tätigkeit an diesem Tag. Um des großen Andrangs Herr zu werden, führt er den langen Stock mit sich, mit dem er die ungeduldig vorwärts drängenden Kinder zurückhält. Klopft der Storchenvater nun mit dem Stock an die Fenster der Häuser, dann beeilen sich die Frauen des Städtchens, mit vollen Händen die übriggebliebenen Wintervorräte, Brezeln und Süßigkeiten und auch Orangen, hinauszuwerfen. Nun gibt es unter den Kindern kein Halten mehr, alle stürzen in einem riesigen Knäuel zu Boden, um möglichst viele Gaben zu erhaschen. Im Nu ist alles aufgesammelt, egal, wie viel von oben herabgeworfen wird. Damit die Kleinsten im Pulk nicht leer ausgehen, fädeln die Frauen viele der Brezeln direkt aus dem Fenster auf den Stock. Die so geangelten Vorräte verteilt der Storchenvater dann ganz gerecht unter den jüngsten Heischern.

Seit 1985 führt Alois Krafczyk als Storchenvater die Kinderschar an. Er erinnert sich noch genau, wie es war, als er als kleiner Bub inmitten der anderen Kinder selbst um Gaben heischte: „Wenn wir Glück hatten, gab es in der alten Senffabrik Schaettgen ein Senftöpfle und beim Metzger ein paar Würstle. Und natürlich Äpfel und Brezeln. Zuhause bekamen wir dann ein paar Tage lang Brezelsuppe." In seiner Kindheit gab es nämlich nicht so viel zu essen wie heute. Lebensmittel und Geld waren knapp, und so war der Storchentag ein wichtiges Ereignis, denn die Familien hatten die zusätzlichen Leckerbissen fest in den Speiseplan für die kommenden Tage eingeplant. Dass der Storchentag ein schon jahrhundertealter Brauch ist, beweist übrigens eine Rechnung aus dem Archiv der Stadt: Diese belegt, dass 1643 ein gewisser Johann

Jakob Arguin „zwölf Kreuzer erhalten, weil er den Storchen geklopfet". Damit dürfte dieser Mann der erste namentlich genannte Haslacher Storchenvater gewesen sein. Bis in die 70er-Jahre des vergangenen Jahrhunderts nisteten die Störche in Haslach. Anfangs bauten sie alljährlich ihr Nest auf dem Fürstenbergischen Kasten, jenem Gebäude, das ihr auf der linken Hälfte des Wandbildes sehen könnt. Als das Haus 1906 abgerissen wurde, suchten sie sich auf dem hohen Kamin der ehemaligen Brauerei eine neue Bleibe. Fieberhaft warteten die Haslacher jedes Frühjahr auf die Rückkehr der Störche aus dem warmen Afrika, wo sie den Winter verbringen. Groß war die Freude, wenn die ersten Beobachter verkündeten: „Hurra, der Storch ist da!"

Fast 70 Jahre lang war der Backsteinkamin die Heimat der Haslacher Störche. Doch plötzlich, von einem Jahr auf das andere, kamen sie nicht mehr. Darüber waren die Bewohner des Städtchens sehr traurig. 2014, endlich – nach vier Jahrzehnten ohne Störche – erklang der alte Freudenruf erneut. Auf dem 66 Meter hohen Turm der Stadtkirche Sankt Arbogast errichtete ein Storchenpaar ein neues Nest, fast an der gleichen Stelle, an der sich einst das Nest auf dem Kastengebäude befunden hatte. Zur Freude der Einwohner schlüpften alsbald zwei Jungstörche, die über den Sommer flügge wurden und sich im Herbst gemeinsam mit ihren Eltern auf die lange Reise nach Süden machten. Meist kommen die Störche im Februar oder März aus ihrem Winterquartier zurück. Eine alte Bauernweisheit besagt: „Auf Sankt Peters Fest sucht der Storch sein Nest." Deshalb schauen die Haslacher Kinder nun wieder in den Tagen vor dem 22. Februar gen Himmel und hoffen, dass am Storchentag erneut Störche auf dem Kirchturm nisten.

Manuela Klaas

? Wie heißt der bekannteste Bürger der Stadt?
   a) Heinrich Hansjakob
   b) Johannes Gutenberg
 • *c) Carl Benz*

Geheimnis 28

Königsfeld

Doniswald
Hansi, Hansi, komm!

Der hölzerne Hansi sitzt am Eingang. Den echten findet ihr im Wald!

Wer bin ich? Ich schwinge mich von Baum zu Baum. Bin ich ein Äffchen? Nein! Im Herbst bin ich sehr fleißig, aber im Winter schlafe ich. Bin ich ein Bär? Nein! Ich habe weiches, braunes Fell und ein hübsches, buschiges Schwänzchen. Na, wisst ihr es jetzt? Hier kriegt ihr noch einen Tipp: Ich esse am liebsten Nüsse und sammle sie ganz fleißig. Richtig! Mein Name ist Hansi und ich bin ein Eichhörnchen. Ich lebe im Wald, genauer: im Doniswald in Königsfeld im Schwarzwald. Und ich bin ganz zahm. Wenn ihr mich mit „Hansi, Hansi, komm!" ruft, klettere ich schnell vom Baum und hüpfe zu euch. Haltet mir ein Nüsschen hin und bleibt ganz still auf der Stelle stehen, sonst habe ich Angst und traue mich nicht. Zuerst beschnuppere ich eure Finger und zack! schnappe ich mir die Leckerei. Ich habe scharfe kleine Zähnchen und knacke wirklich jede Nuss. Aber keine Angst, ich beiße nicht. Zumindest nicht, wenn man wirklich nett zu mir ist!

Nett sind zum Glück die meisten Menschen, die Hansi im Doniswald besuchen. Sie machen einen kleinen Spaziergang durch den Wald, der am Rande des kleinen Ortes Königsfeld liegt, und bringen dabei oft Futter mit. Mittlerweile gibt es im Doniswald so viele der kleinen Nagetierchen, dass er auch „Eichhörnchenwald" genannt wird. Da es zu umständlich wäre, jedem einzelnen Tier einen Namen zu geben, werden einfach alle „Hansi" genannt. Wie viele Hansis es im Doniswald wirklich gibt, weiß allerdings keiner so genau. „Die Eichhörnchen werden nicht gezählt", erklärt Peter Gapp, Revierförster in Königsfeld und zuständig für den Doniswald. Aber die Dichte der kleinen Nager sei tatsächlich wesentlich höher als anderswo, verrät er. Sie hätten es sich vor vielen Jahrzehnten im Doniswald gemütlich gemacht. Das hat einen Grund: Der Doniswald ist nämlich kein gewöhnlicher Wald. Er war bis 1869 im Besitz verschiedener Schwarzwälder Bauernfamilien, die den Tonishof bewirtschafteten, oberhalb des Waldes in Richtung Buchenberg. Später kaufte die Herrnhuter Brüdergemeinde, eine Glaubensbewegung, die während der Reformation entstand, den Wald und gestalteten ihn zu einem kleinen Park um.

Königsfeld

Für die Eichhörnchen, die damals in dem Wäldchen lebten, war das natürlich eine tolle Sache! Täglich kamen Spaziergänger vorbei, besonders sonntags war der Wald ein beliebtes Ausflugsziel. Irgendwann begannen die Besucher, die Eichhörnchen mit Nüsschen zu füttern, und so wurden sie immer zutraulicher. „Ich bin bereits vor 50 Jahren als Dreijähriger hier unterwegs gewesen und habe die Tiere gefüttert", erinnert sich Forstmann Gapp. Und so wurden aus ein paar Hansis irgendwann mehrere Dutzend. „Die Größe einer Tierpopulation richtet sich nach dem Nahrungsangebot", erklärt der Waldexperte, „je mehr Menschen die Nager füttern, desto stärker vermehren sie sich." Doch auch im Doniswald, der heute der Gemeinde Königsfeld gehört, haben die niedlichen Kletterer ihre natürlichen Feinde. „Es ist davon auszugehen, dass es hier auch viele Füchse und Marder gibt", sagt Gapp, „in der Nacht ist dieser Wald genauso wild wie jeder andere auch."

Sabine Wienrich

> **So geht's zum Doniswald:**
>
> Es gibt mehrere Eingänge, der größte befindet sich in der Nähe des Königsfelder Rathauses (Rathausstraße). Dort gibt es auch Parkplätze.

Welche berühmte Persönlichkeit lebte einige Jahre in Königsfeld?

a) Albert Einstein, das Mathegenie
b) Albert Schweitzer, der Urwalddoktor
c) Albert Schönleber, der Pfarrer

Tipp: Das einstige Wohnhaus ist heute ein Museum, ihr könnt es besichtigen.

Rheinfelden

St. Anna-Loch
Hier ist der Rhein unberechenbar

Geheimnis 29

Das Wasser sprudelt und schäumt: Schwimmen ist hier strengstens verboten!

Ihr habt sicher schon einmal in der Badewanne den Stöpsel herausgezogen, oder? Dann habt ihr auch den Strudel bemerkt, der das Wasser kreisförmig nach unten bewegt – und direkt in den Abfluss zieht. Haltet mal die Hand in diesen Strudel, dann spürt ihr einen leichten Sog. Der ist in der Badewanne nicht so stark, weil die Wassermassen nicht so groß sind. Ihr werdet eure Hand deshalb mühelos wieder aus dem Sog zurückziehen können.

Das sieht beim St. Anna-Loch in Rheinfelden ganz anders aus. Da ist es gar keine gute Idee, die Hand in den Strudel zu halten oder dort sogar baden zu gehen. Wer hier, direkt unterhalb der

Alten Rheinbrücke, ins Wasser springt, wird mit hoher Wahrscheinlichkeit in die Strudel des mysteriösen St. Anna-Lochs geraten. Die funktionieren zwar ähnlich wie die in der Badewanne, sind aber viel mächtiger und unberechenbarer. Deshalb ist das St. Anna-Loch eine der gefährlichsten Stellen im Rhein, an der auch heute noch Menschen ertrinken, weil sie sich aus dem Sog der Wassermassen nicht mehr alleine retten können. Und auch Bootskapitäne und Kajakfahrer sind an diesem Ort in großer Gefahr, denn die Strömungen sind so stark, dass sie sogar ein Boot zum Kippen bringen.

Die heilige Anna.

Wenn man auf der Alten Rheinbrücke steht und nach unten schaut, kann man die Kräfte des Wassers bereits erahnen. Die Wasseroberfläche ist unruhig, an manchen Stellen sprudelt und tobt es. Doch was passiert hier in der Tiefe? Warum hat das Wasser eine solche Kraft? Wieso bilden sich so große Strudel, die Menschen und sogar Boote verschlingen können?

Viele Jahrhunderte lang erzählten sich die Menschen in Rheinfelden unheimliche Geschichten und Sagen über das St. Anna-Loch. Eine davon handelt zum Beispiel von den Hunnen, einem zentralasiatischen Reitervolk, das vor vielen Jahrhunderten auf seinem Weg nach Westen Städte und Dörfer plünderte und verwüstete. Sie kamen auch an Rheinfelden vorbei – und die Bewohner warfen aus Angst alle wertvollen Dinge in den Rhein, als das gefürchtete Nomadenvolk die Stadt angriff. Die Hunnen waren darüber so verärgert, dass sie sich an der Burgherrin Anna, die in Rheinfelden lebte, rächten: Sie stießen sie in den Strudel des Rheins. Seither wird dieser Ort St. Anna-Loch genannt.

Eine Antwort auf die Frage, warum der Strudel so mächtig ist, kannte man damals noch nicht. Heute ist viel mehr über die geheimnisvolle Stelle im Fluss bekannt. Forscher schickten Taucher mit Unterwasser-Kameras in den Rhein und fanden Spannendes heraus! Bereits 700 Meter vor der Rheinbrücke hat das Wasser unterirdische Furchen in das Flussbett gegraben. An der Wasseroberfläche sieht man davon natürlich nichts, das alles spielt sich auf dem Grund des Rheines ab. Die kleinen Furchen schließen sich zu immer größeren Gräben zusammen – und die werden immer tiefer. Rund 100 Meter vor der Rheinbrücke vereinen sich die letzten beiden Gräben miteinander. Ihr könnt euch das wie eine große, steilwandige Unterwasser-Schlucht vorstellen. Tausende Tonnen Wasser quälen sich durch diesen tiefen Graben – und dann, ganz am Ende, öffnet sich direkt hinter der Rheinbrücke die Schlucht zu einem 30 Meter tiefen, halbrunden Becken. Das Wasser stürzt in das Becken hinab und erzeugt dabei einen gewaltigen Sog mit einer unberechenbaren Kraft, die alles nach unten zieht und durcheinanderwirbelt. Hier haben selbst geübte Schwimmer keine Chance mehr!

> **So geht's zum St. Anna-Loch:**
>
> Am besten seht ihr diese unheimliche Stelle im Rhein von der Alten Rheinbrücke aus. Die verbindet das schweizerische Rheinfelden mit dem deutschen Rheinfelden und ist kaum zu übersehen. Die St. Anna-Statue steht ein Stück weit unterhalb der Brücke auf der deutschen Seite.

Die Rheinfelder Kinder lernen deshalb schon früh, dass sie sich von der gefährlichen Stelle fernhalten müssen. Und planschen deshalb, so wie ihr, auch lieber in der Badewanne oder im Schwimmbad!

Sabine Wienrich

? Wie wird in Rheinfelden Strom erzeugt?
a) durch große Windräder
b) durch ein Atomkraftwerk
c) durch ein Wasserkraftwerk

Tipp: Der Rhein hat, wie ihr wisst, große Kräfte.

Rottweil

Geheimnis 30

Rottweiler-Statue
Treuer Metzgerhund bewacht die Stadt

Vor dem Stadtmuseum wacht ein besonders treuer Gefährte: der Rottweiler.

Habt ihr Lust auf eine kleine Zeitreise ins mittelalterliche Rottweil? In eine Zeit, in der die berühmten Rottweiler Hunde noch nicht als bissig galten – sondern von den Menschen als unentbehrliche Helfer hoch geschätzt waren? Na, dann los!

Gehen wir durch die engen Gässchen, vorbei an den schiefen, schmalen Häusern mit den Erkern, Türmchen und geschmiedeten Schildern in Richtung Schwarzes Tor, eines der bekanntesten Wahrzeichen der Stadt. Dort, in der heutigen Oberen Hauptstraße, die sich steil zum Tor hoch zieht, priesen Markthändler ihre Waren an. Sie kamen von weit her, aus dem Schwarzwald, dem Breisgau, vom Bodensee, sogar aus Frankreich und der Schweiz. Rottweil hatte sich als Reichsstadt im 16. Jahrhundert aufgrund der guten Verkehrslage zu einem großen Handelszentrum entwickelt. Gemüse, Obst, Kleidung, Werkzeug, Medizin – auf den mittelalterlichen Märkten war alles zu haben! Die Menschen drängelten sich durch die Massen, es wurde gehandelt, gefeilscht und gestritten. Es war laut, voll und es stank fürchterlich! Denn auf den Märkten früher wurden keine fertigen Schnitzel oder Hackfleisch verkauft, sondern lebendiges Vieh! Die Menschen hatten damals ja noch keine Kühlschränke, das Fleisch wäre sofort verdorben. So wurden Rinder, Schafe, Schweine und allerlei Geflügel in die Stadt gebracht, die lange Zeit ein Zentrum des Viehhandels war. Und wisst ihr, wer dabei geholfen hat?

Richtig, der Rottweiler! Der große, schwere Hund war der wichtigste Helfer der Viehhändler. Und da zu dieser Zeit vor allem die Metzger selbst das Vieh von den Bauern holten und auf dem Markt verkauften, wurde er auch „Metzgerhund" genannt. Die Rottweiler Metzger züchteten ihn – und benannten diese Rasse nach ihrer Stadt. Seine Aufgabe war es, das Vieh durch die engen Gassen zu treiben und zu bewachen. Keines der wertvollen Schäfchen durfte verloren gehen! Wurden die Tiere dann verkauft, half der Rottweiler dabei, sie ins Elsass, ins Neckartal oder in den Breisgau zu bringen, denn es gab damals ja weder Lastwagen noch Eisenbahnen für die Tiertransporte. Und ohne die Wachhunde, die eng mit den

Sennenhunden verwandt sind, wären die Rinder und Schafe den Metzgern auf dem Weg bestimmt abgehauen. Stellt euch mal vor, wie eine Rinderherde sich in den verwinkelten Gassen der Rottweiler Altstadt verirrt! Da wäre das Chaos groß gewesen!

Doch wie genau der Rottweiler nach Rottweil kam, ist umstritten. Experten gehen davon aus, dass er von den Molossern, den historischen Hirtenhunden, abstammt. Die Römer, die um 73 n. Chr. die Gegend um das heutige Rottweil besiedelten und dort die Vorgängerstadt „Arae Flavia" errichteten (siehe Geheimnis 31), sollen Molosser über die Alpen mitgebracht haben. Das belegen zahlreiche Tierknochenfunde aus der römischen Zeit. Durch Züchtung und Kreuzung mit anderen Hüte- und Treibhunden entstand schließlich der Rottweiler, der Hund des Metzgers.

Irgendwann jedoch war seine Zeit vorbei. Im Jahr 1900 wurden Viehtriebe verboten und die Tiere fortan mit den Eisenbahnen und anderen Fahrzeugen transportiert. Der Rottweiler verlor seine Aufgabe. Für kurze Zeit war er sogar vom Aussterben bedroht. Doch dann entdeckten Polizisten und Soldaten den Hund, der für seine Treue, Intelligenz, Ausdauer und Wachsamkeit bekannt ist: 1910 wurde der Rottweiler als Polizei- und Militärhund anerkannt – und ist auch heute noch als solcher im Einsatz. Er gilt außerdem als guter Rettungs- und Blindenführhund. Als Familienhund ist er heute nicht mehr so beliebt, weil es immer wieder zu Beißattacken kam – und viele Menschen denken, er sei besonders gefährlich.

Die Skulpturen von Ottmar Hörl findet man überall in der Stadt.

Dennoch ist die Stadt Rottweil stolz auf „ihren" Hund – und erinnert deshalb mit vielen Bronzestatuen an ihn. Wer in Rottweil auf Erkundungstour geht, wird den treuen Gefährten immer wieder entdecken. So befindet sich auch mitten in der Altstadt, direkt vor dem Stadtmuseum, eine in Bronze gegossene Skulptur des Tieres. Groß und stark steht er da und beobachtet die Fußgänger mit wachsamem Blick. Viele bleiben stehen, knuddeln, küssen und umarmen ihn, so lieb und brav sieht er aus. Und bronzene Hunde können ganz sicher nicht beißen! Entworfen wurden die Skulpturen übrigens von dem Künstler Ottmar Hörl. Und weil er sie so schön fand, stellte er im Jahr 2005 ganze 500 Stück der einstigen Metzgerhunde in einem Rottweiler Park auf – alle in der gleichen Pose. Das war ein tierisch tolles Bild! Als die Ausstellung beendet war, wurden einige Hundeskulpturen versteigert. Die anderen stellte man in der Stadt auf. Geht mal auf die Suche! Na, hört ihr sie? Von überall tönt es: „Wau, wau!"

So geht's zum Rottweiler:

Die wohl bekannteste Rottweiler-Skulptur steht in der Oberen Hauptstraße, direkt vor dem Stadtmuseum. Die anderen Plätze verraten wir nicht, sucht selbst!

Sabine Wienrich

Wer springt an der Rottweiler Fastnacht durch die Altstadt?

a) *das Funkenmariechen*
b) *der Lumpäbaschti*
c) *der Fedarahannes*

Tipp: Schaut euch mal im Rottweiler Stadtmuseum um!

Rottweil

Geheimnis 31

Römisches Legionsbad
Wo einst die alten Römer planschten

Im Winter versteckt die Schneedecke das römische Legionsbad – einen richtigen Wellness-Tempel.

Herrlich, so ein warmes Bad! Ob in der Badewanne, im Schwimmbad oder gar im Thermalbecken – Baden entspannt. Das wussten auch schon die alten Römer und bauten sich in Rottweil deshalb eines der größten Thermalbäder Südwestdeutschlands. Mit vielen Schwimmbecken und sogar einem richtigen Whirlpool! Glaubt ihr nicht? Ist aber so!

Dass das römische Legionsbad überhaupt gefunden wurde, ist reiner Zufall. Als 1967 der Stadtfriedhof erweitert wurde, machten Bauarbeiter eine unglaubliche Entdeckung: Unter der Wiese fanden sie Steine und Mauern. Dann kamen Archäologen hinzu, das sind Experten, die die Geschichte der Menschen erforschen und dabei auch viele alte Dinge ausgraben. Die Fachleute vom

Landesdenkmalamt in Tübingen legten die 45 mal 42 Meter große Badanlage komplett frei. Tatsächlich! Sie stammt von den Römern – und wurde wohl schon unter Kaiser Vespasianum 75 n. Chr. gebaut. Doch wie funktionierte so ein römisches Bad überhaupt?

Die Römer hatten eine ganz eigene Badekultur. Allein in Rom gab es um 400 n. Chr. fast 1000 Bäder. Die großen, öffentlichen Badeanlagen nannte man im Römischen Reich „Thermen", das ist der griechische Begriff für Bad. In den Thermen trafen sich die Männer täglich, das Baden war ein festes Ritual. Man verabredete sich, entspannte vom Alltagsstress, ließ sich massieren, plauderte, machte noch ein bisschen Sport und ging schließlich erholt nach Hause. Frauen und Männer durften nur getrennt baden. Das Baden gehörte zum Alltag aller Römerinnen und Römer – und das wollten sie auch in ihren Siedlungen nicht missen!

So kam es, dass sie, kurz nachdem sie das Gebiet rund um das heutige Rottweil um 73 nach Christus besiedelt und eine Stadt namens „Arae Flavia" (Stadt der Flavier) errichtet hatten, auch Thermen bauten. Die Römer kannten sich sehr gut mit Wasserleitungen, so genannten Aquädukten, aus – und bauten in Rottweil ein perfektes Wasserversorgungs-System, an das auch die Therme angeschlossen wurde. Gebaut wurden die Thermen immer nach der gleichen symmetrischen Anordnung. Im „apodyterium" zog man sich aus, verstaute seine Kleidung in einem Spind oder gab sie einem Sklaven. Vom Umkleideraum ging es in das „caldarium". Dort war der Boden mit 50 Grad so heiß, dass man spezielle Holzschuhe tragen musste. Und auch das Wasser war mit 40 Grad sehr warm. Stellt euch vor, die römischen Bäder hatten sowohl Fußboden- als auch Wandheizungen mit Heißluft! Diese Heizungen nennt man „hypokaustum". Unter dem Fußboden und in der Wand lagen Leitungen und Hohlräume, durch die heiße Luft geleitet wurde – so wurden die Räume erhitzt. Nach dem Heißbad folgten weitere Anwendungen. Da wa-

> **So geht's zum Römerbad:**
>
> Ihr findet das Römerbad an der Ecke Hölderstraße/ Königsstraße.

ren das „tepidarium", ein lauwarmes Becken. Anschließend kühlte man sich im „frigidium" ab, dort sprang man ins kalte Wasser. Das war in den Thermen das größte Becken, dort hielten sich die meisten Menschen auf. Hier war oft ein Sportplatz, die „palaestra" angeschlossen. Auch in Rottweil gab es wohl Außenanlagen, eine Turnhalle und ein Schwimmbecken. Doch das wurde nie ausgegraben, weil es vermutlich aus Fachwerk, also aus Holz, bestand – und verrottet ist. Bei anderen Ausgrabungen von Thermen hat man herausgefunden, dass es in vielen Luxusbädern sogar Saunen, Bibliotheken, Imbisse, Läden, Ruheräume und Gartenanlagen gab. Das waren also richtige Wellness-Tempel!

In solchen Becken erholten sich die Römer von ihrem anstrengenden Soldaten-Alltag.

Klingt erholsam, oder? Wandert doch die Mauern des Rottweiler Bades einmal ab – und spielt die Badezeremonie der Römer nach. Doch bevor ihr da reinspringt, schnappt euch lieber die Badehose – und geht in ein richtiges Schwimmbad! Das gibt es in Rottweil nämlich auch!

Sabine Wienrich

 Was hat Rottweil den Römern noch zu verdanken?

a) Rottweil ist die größte Stadt Baden-Württembergs
b) Rottweil hat die meisten römischen Ausgrabungen Baden-Württembergs
c) Rottweil ist die älteste Stadt Baden-Württembergs

Tipp: Die Vorgängerstadt des heutigen Rottweil wurde bereits 73 nach Christus errichtet.

Schiltach

Gamber
Wassersperre der Flößer

Geheimnis 32

Durch Ausschwenken des Gambers wird die Floßgasse geöffnet.

Wisst ihr, was ein Holländer ist? Klar, ein Mensch, der in Holland geboren wurde. Doch auch im Schwarzwald gibt es Holländer! Und damit sind nicht die Holländer gemeint, die hier Urlaub machen oder vielleicht sogar hier leben, sondern besonders mächtige und gerade gewachsene Tannen. Sie werden so genannt, weil ihre Stämme einst auf dem Wasserweg aus dem Wald heraus bis nach Holland transportiert wurden. Dort verwendete man sie im Schiffs-, Hafen- und Städtebau. Der Holztransport auf dem Wasser wird Flößerei genannt. In Schiltach erinnern gleich mehrere Dinge an dieses alte Handwerk. Etwas ganz Besonderes aber ist ein langer, drehbarer Balken, der auf einem Standfuß befestigt ist und auf den ersten Blick wie eine riesige Holzwippe aussieht. Diese seltsame Vorrichtung heißt Gamber, was sich vom schwäbischen Ausdruck „gamben" ableitet und tatsächlich so viel wie

„wippen" bedeutet. Zu was so ein Gamber benutzt wurde, erfahrt ihr später, zunächst sollt ihr mehr über das Gewerbe der Flößerei wissen, das über 600 Jahre das Leben und Schicksal vieler Menschen im Kinzigtal bestimmte. Um auf den mächtigen, zu einem Floß zusammengebundenen Tannenstämmen den wilden Fluss Kinzig hinunterzufahren, brauchte es raue und mutige Burschen. Die Flößer, so nannte man die Männer, die diese schwimmenden Stämme lenkten, mussten gegen Sturm, Regen und Stromschnellen kämpfen und brachten das Holz in oft waghalsigen Manövern vom Schwarzwald bis in den Rhein.

Für die Buben und Mädchen der einzelnen Dörfer war es immer ein aufregendes Ereignis, wenn ein solches Floß vorüberkam: Fröhlich winkten sie den Männern zu, die mit Hut, Lederhosen und hohen ledernen Stiefeln breitbeinig auf den Holländern standen. Fast jeder Bub träumte davon, später selbst Flößer zu werden. Dabei war es eine harte und gefährliche Arbeit: War ein Floß erst einmal in die Fahrrinne gebracht worden, schoss es bisweilen in rasantem Tempo den Fluss hinunter. Oft fuhren die Männer durch steile, finstere Felsschluchten, in denen sie sich in der aufschäumenden Gischt kaum auf den nassen Baumstämmen halten konnten und doch mussten sie das hölzerne Gefährt durch die schmalsten Engstellen und gefährlichsten Kurven steuern. Ihr könnt euch vorstellen, was das jedes Mal für eine abenteuerliche Fahrt gewesen sein muss! Manchmal führte der Fluss aber auch zu wenig Wasser, um die langen Flöße ins Tal zu transportieren. Und genau hier kommt der Gamber ins Spiel: Mit ihm wurde das Wasser der Kinzig angestaut. Im Prinzip ist er nichts anderes als eine in die Fließrichtung des Wassers schwenkbare Staumauer! Am vorderen Ende des Stamms, der übers Wasser ragt, sind zwei schwere Holzbretter an Eisenketten aufgehängt, die das Wasser aufstauen. Am anderen Ende, das bis ans Ufer reicht, ist ein Kasten angebracht. Wenn nun ein Floß in Sichtweite kam, wurden schwere Steine in den Kasten am trockenen Ende gelegt, um durch ihr Ge-

wicht das andere Ende mit den beiden Brettern anzuheben. Damit öffnete man das Fahrloch im Wasser, das zuvor von den Holzbohlen versperrt war, und der Gamber wurde so geschwenkt, dass er neben dem Wasserlauf am Ufer entlangwies. Es ist das gleiche Prinzip wie bei der Kinderwippe: Die schwere Seite sinkt nach unten, das leichtere Ende hebt sich. Das gestaute Wasser schoss nun in einem dicken, mächtigen Schwall durch das Fahrloch und die Flöße surften wie auf einer Welle!

Aber der Gamber barg auch Gefahren: Immer wieder kam es zu schlimmen Unfällen, weil ein Flößerjunge vergessen hatte, ihn zu öffen. Der Flößer, der vorne stand und das Boot lenkte, wurde dann zwischen Balken und Floß eingeklemmt und die nachfolgenden Baumstämme verkeilten sich und schoben sich übereinander. Die Flöße bestanden nicht einfach aus ein paar Holzstämmen – sie waren in mehrere Abschnitte unterteilt, die man Gestöre nannte. Diese waren immer aus Baumstämmen gleicher Länge zusammengebunden. Mehrere Gestöre wurden, wie die Wagen eines Güterzuges, zu einem kurvengängigen Floß zusammengekoppelt. Ein Floß aus sechs Gestören war rund Hundert Meter lang und brauchte sechs Mann, die es führten. Da die Verbindungen zwischen den Gestören ganz schön viel aushalten mussten, nahm man fürs Einbinden „Wieden". Das waren junge Baumstämmchen, die, zunächst eingeweicht und dann erhitzt, zu einer Art Seil gedreht wurden. Dank ihrer Elastizität glichen sie die enormen Zug-

Schiltach

und Schubkräfte der dahinschießenden Flöße aus. Um zusätzliche Stabilität zu gewinnen, legten die Flößer die kürzesten Gestöre an die Spitze, zur Mitte hin nahmen sie die längeren und dickeren Baumstämme, eben jene Holländer-Stämme, und ans Ende kam wieder das schwächere Holz. Die Flöße waren somit Gefährt und Handelsgut in einem: Am Zielort wurden sie wieder auseinandergenommen und verkauft.

> **So geht's zum Gamber:**
>
> Unterhalb der Stadtbrücke wird nach dem Zusammenfluss von Schiltach und Kinzig der Fluss zum Hochmutsteich aufgestaut. Hier befindet sich der Gamber.

Mit einem Ruder und einer Sperre, das war ein starker Balken, der zum Bremsen durch ein Loch des Gestörs in den Flussboden gerammt wurde, lenkten die Flößer die vielen Holzstämme sicher über die Wehre und durch die Krümmungen. Der wichtigste Mann war jener vorne am Stangenruder. Er musste das Floß ins Fahrwasser einfädeln, vor jedem Wehr die Fahrgasse anzielen und das Auffahren auf Brückenpfeiler verhindern. Die übrigen Flößer verteilten sich und drückten mit ihren Floßhaken die Gestöre vom Ufer weg. Übrigens waren die hohen Lederstiefel, die bis über die Knie reichten, den Flößern bei ihrer Arbeit sehr nützlich, denn sie konnten damit im tiefen Wasser herumlaufen, ohne dass ihre Füße nass wurden. Mit der Eisenbahn als neues Transportmittel kam das Ende der Flößerei: 1894 fuhr das letzte Floß mit gehandeltem Holz die Kinzig hinunter. Für ihre Abschiedsfahrt bauten die Flößer eine Holzschlange von 600 Metern Länge. Äxte und Stangen hatten sie mit Trauerflor umschlungen. So fuhren sie wehmütig den Fluss hinab.

Manuela Klaas

? Seit wann gab es die Flößerei im Oberen Kinzigtal?

a) seit dem 13. Jahrhundert, also schon im Mittelalter
b) seit dem 16. Jahrhundert   c) seit dem 18. Jahrhundert

Schiltach

Kilometersteine
Ein Rechenfehler?

Geheimnis **33**

So einen alten Kilometerstein findet man noch in der Nähe des Schiltacher Bahnhofs.

Früher konnte man sie auf jeder Zugfahrt sehen: Kilometersteine. Sie existieren schon fast so lange, wie es Eisenbahnen gibt, also seit beinahe zweihundert Jahren. Für Lokführer und Bahnpersonal waren sie eine wichtige Angabe auf der Strecke, da man so immer genau wusste, an welcher Stelle der Zug sich gerade befand. Dies war bei Unfällen, im Nebel, aber auch bei unübersichtlichem Bahngelände hilfreich. Seit den 1970er-Jahren ersetzt die Deutsche Bahn die zum Teil recht verwitterten Steine vielerorts durch Schilder, die neben den Gleisen an besonderen Pfosten in Sichthöhe angebracht sind.

Östlich des Schiltacher Bahnhofs kann man jedoch noch zwei solche alten Nummernsteine entdecken. Auf den westlicheren Stein sind die Zahlen 14 und 7 aufgemalt, in den östlicheren sind eine 54 und eine 2 eingemeißelt. Das ist ziemlich merkwürdig: Warum stehen zwei so völlig unterschiedliche Kilometerangaben auf den beiden Betonsteinen, die gerade einmal 50 Meter auseinanderliegen? Hat sich da vielleicht jemand verrechnet?

Nein! Für die voneinander abweichenden Zahlen gibt es einen anderen Grund: Als die Eisenbahn Ende des 19. Jahrhunderts im Schwarzwald gebaut wurde, gab es das heutige Baden-Württemberg noch nicht. Damals existierten auf diesem Gebiet vier Länder, nämlich die kleinen, weniger bedeutsamen Fürstentümer Hohenzollern-Sigmaringen und Hohenzollern-Hechingen sowie das Großherzogtum Baden und das Königreich Württemberg. Quer durch den Schwarzwald lief die Grenze zwischen Baden und Württemberg, und in der Grenzstadt Schiltach gab es auf badischem Gebiet einen Bahnhof. An der unterschiedlichen Kilometrierung, so nennen die Eisenbahner die fortlaufende Einteilung, lässt sich heute noch die alte Landesgrenze ausmachen.

In den östlichen Stein sind eine 54 und eine 2 eingemeißelt.

Im Jahre 1878 wurde die Kinzigtalbahn von Hausach bis Wolfach und 1886 die Verlängerung bis Schiltach von der Großherzoglich Badischen Staatsbahn in Betrieb genommen. 1886 fuhr auch erstmals ein Zug der Königlich Württembergischen Staats-Eisenbahn von Schiltach über Freudenstadt nach Eutingen im Gäu. Ab Hausach, das auf badischem Gebiet lag, war die Strecke bis Schiltach 14,7 Kilometer lang. Die Württemberger kamen von Eutingen bis zur Grenzstadt auf 54,2 Kilometer. Beide begannen mit ihrer Zählung bei Kilometer 0 und erreichten in Schiltach ihren jeweils höchsten Wert. Daraus ergeben sich die voneinander abweichenden Kilometerangaben. Der Wechsel der Kilometrierung lag mitten in Schiltach. Bis heute erinnern die Kilometersteine an jene Zeit, als sich in Schiltach die Gleise zweier eigenständiger Eisenbahngesellschaften trafen!

Aber als sei das nicht schon kompliziert genug, geschahen damals beim Eisenbahnbau noch mehr Dinge, die für manch einen etwas schwierig zu verstehen sind. Dass sich die Badener und die Württemberger früher, ja, bisweilen auch heute noch, nicht besonders grün waren – was so viel heißt wie, dass sie einander nicht ausstehen konnten – wisst ihr bestimmt. Und so entbrannte vor dem Eisenbahnbau in Schiltach ein Konflikt zwischen beiden Ländern.

Einig war man sich darüber, dass Baden und Württemberg ihre Schienen jeweils bis zum Schiltacher Bahnhof bauen und auch bezahlen würden. Aber wo der Bahnhof eigentlich stehen sollte, blieb offen. Daher wollte das östlich gelegene Württemberg den Bahnhof auf die „Aue" setzen, ein Gelände im Osten der Stadt. Das Großherzogtum Baden und die meisten Schiltacher stimmten für einen Platz am westlichen Stadtende. Letztendlich setzten sich die Badener durch. Für die Kosten des östlich anschließenden Bahndamms sowie eines 121 Meter langen Tunnels mussten nun die Württemberger aufkommen. Wäre der Bahnhof auf der Aue gebaut worden, wäre es umgekehrt gewesen.

Trotz aller Streitereien schweißte der Eisenbahnbau die Badener und die Württemberger um Schiltach herum zusammen. Beide Länder hatten ihr Ziel, einen Anschluss an das neue Eisenbahnnetz zu bekommen, erreicht. Am 3. November 1886 wurde die 34,5 Kilometer lange Strecke Wolfach – Schiltach – Freudenstadt feierlich eröffnet.

Manuela Klaas

> **So geht's zu den Kilometersteinen:**
>
> Beide Steine befinden sich an der Bahnstrecke direkt hinter der Gerberei Trautwein, unweit der Häberlesbrücke. Vorsicht! Hier fahren noch Züge!

? Welches uralte Handwerk im Kinzigtal starb mit der Anbindung an die Eisenbahn aus?

a) Gerberei   b) Uhrmacherei   c) Flößerei

Schiltach

Geheimnis 34

Steinrad
Eine pfiffige Idee!

In die Mitte des Steinrads wurde die Nabe der reparaturbedürftigen Wagenräder gelegt. Heute ist dieses Loch zubetoniert.

Rumms! Autsch! Die Kutsche fährt mit Schwung durch ein großes Schlagloch. Dabei werden die Fahrgäste kräftig durchgerüttelt. Ein Herr stößt sich so sehr den Kopf, dass er einen Moment lang ganz benommen ist. Und als wäre das nicht schon schlimm genug, folgt nun noch ein unheilvolles Krachen und die Kutsche neigt sich leicht zur Seite. „Speiche gebrochen", verkündet der Kutscher. Und das ausgerechnet auf einer der schlechtesten Straßen im Schwarzwald. „Hoffentlich geht das gut", stöhnt der Herr und reibt sich die Beule an seinem Kopf.

Szenen wie diese haben sich Märchenerzähler und Geschichtenschreiber nicht einfach ausgedacht. Früher, als es noch keine Autos, Züge und Flugzeuge gab, war das Reisen sehr beschwerlich und gefährlich. Die Fuhrwerke waren nicht gefedert, die meisten Straßen schlecht und nicht gepflastert. Stand eine Kutsche erst einmal fahruntüchtig am Wegesrand, wurden die Reisenden an besonders schlechten Wegstellen oft von Räubern überfallen, die im Gebüsch lauerten. Verständlich, dass sowohl der Kutscher als auch die Fahrgäste das um jeden Preis verhindern wollten. Also ließen sie ihre Gefährte in den Dörfern, in denen sie Rast machten, meist vorsorglich überprüfen. Im Grunde kann man sich das so vorstellen, als würde man heute das Auto zur Inspektion in die Werkstatt bringen. Damals gab es dafür das alte Handwerk des Wagners. Auch in Schiltach, wo die Menschen am Abend in den Gasthäusern am Marktplatz einkehrten, gab es einen. Er verdiente sein Geld damit, neue Wagenräder zu bauen und gebrochene Speichen sowie Achsen zu reparieren. Und das war gar nicht so leicht!

Die Speichen eines hölzernen Wagenrads werden in der Mitte von einem runden Holzstück zusammengehalten, das leicht hervorsteht. Das ist die sogenannte Nabe. Diese Konstruktion zu reparieren, war eine ziemlich wackelige Angelegenheit, weil das Rad durch die Nabe ja nie glatt auf dem Boden oder der Werkbank aufliegen konnte. Doch ein namentlich unbekannter Schiltacher Wagner fand dafür eine pfiffige Lösung: Er bohrte nahe seiner Werkstatt, die sich im heutigen „Museum am Markt" befand, ein rundes Loch in den Sandsteinboden des Marktplatzes. Es war gerade so groß, dass eine Radnabe hineinpasste und der Rest des Wagenrades eben auflag. Nun konnte er problemlos gebrochene Speichen reparieren oder andere Malheure beheben, ohne dass das Rad ständig umfiel oder zur Seite kippte.

Wie das aussah, kann man in Schiltach noch sehen, obwohl der Wagner Ende der 1940er-Jahre seine Werkstatt schloss. Das Steinrad befindet sich am unteren Ende des ungewöhnlich steilen und wie ein Dreieck geformten Marktplatzes direkt unterhalb des großen Brunnens. Heute ist das Loch in der Mitte, das die Nabe damals hielt, zubetoniert. Jahr für Jahr laufen Tausende Menschen darüber, doch kaum einer von ihnen kennt die Geschichte dieses Kreises.

> **So geht's zum Steinrad:**
>
> Direkt unterhalb des Brunnens auf dem Schiltacher Marktplatz findet man den ungewöhnlichen Kreis inmitten des Kopfsteinpflasters.

Übrigens ließen auch die Landwirte im Dorf ihre Fuhrwerke, von der Schubkarre bis zum großen Pferdewagen, vom Wagner bauen und reparieren. Da sie aber nur über wenig Geld verfügten, bezahlten sie seine Arbeit meist in Naturalien: Die eine Familie versorgte den Wagner das Jahr über mit Butter und Milch, die andere bezahlte mit geräuchertem Schinken und Brot. Bis heute gibt es dafür den sehr passenden Spruch „Eine Hand wäscht die andere". Das heißt so viel wie: Man hilft sich gegenseitig. Das ist eigentlich ein schöner Brauch. Probiert ihn doch einmal selber aus! Ihr helft beispielsweise eurem Freund bei den Hausaufgaben und er verrät euch den kniffligen Trick, wie man einen Ollie auf dem Skateboard steht.

Manuela Klaas

Schiltach brannte im 16. Jahrhundert innerhalb der Stadtmauern mehrmals ab. Wie oft genau?

a) zweimal   b) dreimal   c) viermal

Tipp: Werft mal einen Blick auf die linke Seite des Rathauses!

Schluchsee

Schwimmsperre
Warum der See nicht überschwappt

Geheimnis 35

*Die Schwimmsperre ist das schmale Rohr links im Wasser.
Sie schützt die Staumauer vor Ästen und Dreck.*

Könnt ihr erkennen, was da im Schluchsee nahe der riesigen Staumauer auf dem Wasser schwimmt? Sieht aus wie ein zerstückeltes Regenrohr. Etwas Ähnliches ist dieses Ding hier auch. „Das ist eine Schwimmsperre", verrät Tobias Gebler von der Schluchseewerk AG, die den höchstgelegenen Stausee in ganz Deutschland betreut. Wenn man sich die Schwimmsperre ein wenig genauer anschaut, sieht man, dass sie tatsächlich aus einzelnen hohlen Elementen besteht, also aus Rohrteilen, die auf einer Kette aufgefädelt sind. Sie schwimmen auf dem Wasser. Die äußeren Teile der Kette liegen an Land und enden auf einer Kurbel. „Da sich der Wasserstand im Schluchsee ständig ändert, wird mit der Kurbel die Länge der Kette regelmäßig angepasst. Somit verhindern wir, dass die Schwimmsperre in der Luft hängt oder zu schlaff im Wasser liegt", erklärt Experte Gebler. Doch was bringt diese Sperre denn überhaupt? Sollen auf diese Weise mutige Schwimmer davon abgehalten werden, zu nah an die 63,5 Meter hohe und 250 Meter lange Staumauer zu kommen? „Nein", sagt Gebler, „die Schwimmsperre ist nicht dazu da, Badende abzuhalten, sondern Treibholz, also auf dem Wasser schwimmende Äste, Zweige oder im Extremfall Bäume." Außerdem tauchen immer mal wieder Torfinseln, das sind Ansammlungen des moorigen Gestrüpps, aus der Tiefe des Sees auf und treiben an der Oberfläche. Vor all dem muss die Staumauer, die schon Anfang der 1930er-Jahre gebaut wurde, geschützt werden. Und das hat einen sehr wichtigen Grund.

Die Sperre sieht aus wie ein zerstückeltes Regenrohr.

Ihr müsst wissen, dass der Schluchsee ein Stauziel von 930 Metern über Normalhöhen-Null hat. Steigt das Wasser jedoch über diese 930 Meter, ist der See voll. Was dann passiert, könnt ihr euch sicher vorstellen: Es gibt Hochwasser und Überflutungen am Seeufer. Die Staumauer kann diese Wassermassen nicht mehr zurückhalten und und das Wasser läuft über. Was für ein Szenario! Doch ihr könnt euch sicher sein: Das wird nie passieren! In der Mitte der Staumauer, auf der Seite, an der das Wasser an die Talsperre schwappt, befindet sich nämlich eine Hochwasserentlastungsanlage mit Öffnungen. Sollte der See sein Stauziel erreicht haben, kommt die Anlage zum Einsatz und nimmt die überschüssigen Wassermassen auf. Dann ist es sehr wichtig, dass die Öffnungen der Anlage nicht von umherschwimmenden Ästen oder Bäumen blockiert werden – und frei sind! Die Schwimmsperre hält also die Öffnungen der Hochwasserentlastungsanlage frei und sorgt damit auch dafür, dass der Schluchsee nie über seine Ufer tritt.

Im Inneren der Staumauer gibt es sogar ein Messgerät, das den Pegel des Sees digital misst und die Werte ständig an eine Fernwarte des Schluchseewerks überträgt, die dann im Ernstfall reagieren könnte. Doch das musste sie noch nie, in all den Jahren war die Schutzanlage noch nie im Einsatz! Das hat zwei Gründe: Erstens ist der See sehr groß und das Wasser verteilt sich gut. Und zweitens gibt es im Schluchsee ein Pumpspeicherkraftwerk, mit dem das Schluchseewerk Strom erzeugt. Das bedeutet, über die Turbinen des Kraftwerks wird überschüssiges Wasser normalerweise ohnehin schon abgegeben.

> **So geht's zur Schwimmsperre:**
>
> Ihr fahrt auf der B 500 in Richtung Blasiwald. Dort seht ihr auf der rechten Seite die Staumauer. Kurz danach gibt es einen Parkplatz. Die Staumauer kann zu Fuß und sogar mit dem Kinderwagen überquert werden.

„Die Wahrscheinlichkeit, dass die Hochwasserentlastungsanlage einmal gebraucht wird, ist sehr, sehr klein", meint Experte Tobias Gebler. Dennoch sei es wichtig, dass es sie gibt.

Sollte es doch mal zu einem heftigen Hochwasser kommen, muss die Staumauer dem standhalten können. Aber das sollte, wie ihr ja jetzt wisst, kein großes Problem sein!

Sabine Wienrich

Woher kommt der Name Schluchsee?

a) er ist nach dem Erbauer des Staudamms, Sebastian Schlauch, benannt

b) er heißt im Alemannischen „Schluch" (Schlauch), denn der See zieht sich schlauchförmig durch die Landschaft

c) am Ende des Sees gibt es eine bekannte Schlucht

Tipp: Fragt mal einen Einheimischen, was ein Schluch ist!

Schopfheim

Geheimnis 36

Eichener See
Ein Gewässer, das spurlos verschwindet

Ein Phänomen, das kommt und geht: der Eichener See.

Blubb – und weg ist er. Nur ein paar nasse Grashalme erinnern daran, dass hier vor wenigen Tagen noch ein richtiger See war. Nun ist er auf geheimnisvolle Weise abgetaucht. Der Eichener See verschwindet oft monatelang, um dann ganz unvermutet wieder aufzutauchen. Handelt es sich hierbei um einen unheimlichen Spuk? Leben vielleicht winzige Erdgeister unter dem See, die ihren Schabernack treiben, um die Menschen rund um Schopfheim zu verwirren? Bohren diese sagenumwobenen Wesen unzählige kleine Löcher, durch die der See nach und nach versickert? Aber warum sprudelt er dann nach unbestimmter Zeit wieder zurück an die Oberfläche? Es sieht fast so aus, als ginge es an diesem Ort nicht mit rechten Dingen zu. Schließlich verabschiedet sich ein ordentlicher See nicht sang- und klanglos, um geraume Zeit später wieder zu erscheinen. Ein See hat sommers wie winters da zu sein! Doch der nach dem Schopfheimer Stadtteil Eichen benannte See ist wirklich kein gewöhnliches Gewässer. Er befindet sich an der höchsten Stelle des Dinkelbergs, einem Karstgebirge im Schwarzwald. In einer Karstlandschaft ist das Gestein von Rissen und Spalten durchzogen, in die Regenwasser eindringt. Im Laufe der Zeit höhlt das Wasser den Stein immer mehr aus, sodass unter der Erde aus feinen Rissen kilometerlange Gänge und große Höhlen entstehen. Den Untergrund des Eichener Sees muss man sich also vorstellen wie einen durchlöcherten Schweizer Käse! In etwa 40 Metern Tiefe gibt es undurchlässige Schichten, die das Grundwasser stauen. Sie sehen aus wie Höhlen. Bricht eine dieser unterirdischen Höhlen ein, entsteht an der Oberfläche eine Mulde. Wissenschaftler nennen diese Mulde „Doline" – und auf genau so einer Doline liegt der Eichener See. Der Boden der Doline besteht aus einer mehrere Meter dicken Lehmschicht, die ebenfalls so gut wie wasserundurchlässig ist. Die meiste Zeit des Jahres ist diese Doline eine ganz gewöhnliche Wiese. Bei starken Regenfällen oder der Schneeschmelze füllen sich aber die vielen unterirdischen Gänge und Höhlen darunter schnell mit Wasser. Erreicht der Grundwasserspegel die Oberfläche, ist auch die Lehmschicht der Doline mit Wasser vollgesogen. Das Regenwasser kann dann nicht mehr versickern. In Schopfheim entsteht der Eichener See: Es bildet sich zunächst eine Pfütze, die immer größer wird. Jeden Tag steigt der Wasserspiegel um etwa acht bis 14 Zentimeter. Der höchste Wasserstand ist nach zwei bis fünf Wochen erreicht. Oft hat der See dann eine Tiefe von 2,50 Metern,

> **So geht's zum Eichener See:**
>
> Der temporär auftretende Karstsee bildet sich auf der Eichener Höhe. Diese liegt an der Landstraße B 518 rechtsseitig – von Schopfheim kommend – am Ortsausgang der Gemeinde Eichen.

misst 250 Meter in der Länge und ist 130 Meter breit. Passiert es gar, dass der See mitten im Winter an die Oberfläche tritt und es anschließend gefriert, laufen die Kinder der umliegenden Dörfer darauf Schlittschuh oder ziehen vergnügt ihre Schlitten übers Eis. An diesem ungewöhnlichen Gewässer gibt es jedoch noch ein weiteres höchst seltenes Naturschauspiel: Sobald das Wasser an der Oberfläche austritt, entsteht neues Leben. Innerhalb von zwei bis drei Wochen schlüpfen Millionen winziger Kiemenfußkrebse. Diese zwei Zentimeter großen Urzeitkrebse zählen zu einer der ältesten Tierarten auf der Erde. In Deutschland entwickelt sich die Art „tanymastix lacunae" nur im Eichener See, in ganz Europa gibt es jedoch noch sieben weitere Fundorte dieser winzigen Krebsart. Die hier vorkommenden Kiemenfußkrebse sind typische Süßwasserbewohner. Sie haben sich aus den ursprünglich im Meerwasser lebenden Vorfahren entwickelt. Zum Überleben brauchen die abgelegten Eier etwa über drei bis vier Wochen Wasser und dann eine längere Trockenperiode, die ruhig mehrere Jahre dauern kann. Millionen gelaichter Eier liegen dann auf der Grasnarbe der Doline oder im benachbarten Acker. Erst wenn der See sich wieder füllt und die Eier erneut mit Wasser in Berührung kommen, platzen sie auf und die Larven der Kiemenfußkrebse schlüpfen.

Auf das Erscheinen des Eichener Sees kann man sich keineswegs verlassen. Es hängt von den jeweiligen Niederschlägen ab, und bisweilen hat man das Gefühl, dass der See kommt und geht, wie es ihm beliebt. Meist sammlt sich das Wasser in der Doline zwei bis vier Monate, ehe es langsam durch die unterirdischen Gänge abfließt. Nach dem letzten Blubb wächst wieder Gras über den mehr als ungewöhnlichen See.

Manuela Klaas

? Was ist der See seit dem Jahr 1983?
a) Salzwassersee
b) Thermalbad
c) Flächennaturdenkmal

Schwörstadt

Heidenstein
Grab aus der Steinzeit

Geheimnis 37

Am Fuße des Dinkelberges steht der Heidenstein mit seinem Seelenloch, ein Rest einer steinzeitlichen Grabstätte.

Es gibt Orte, an denen unsere Vorfahren, die Steinzeitmenschen, für uns erstaunliche Sachen hinterlassen haben: Durchbohrte Tierzähne, Klingen aus Feuerstein und vieles mehr. Meistens werden diese Dinge durch Zufall entdeckt. Dann graben Archäologen, das sind die Erforscher der Menschheitsgeschichte, die kostbaren Hinterlassenschaften vorsichtig aus und untersuchen sie. Schließlich werden die Fundstücke im Museum ausgestellt und können dort bestaunt werden. Doch das ist erst seit knapp Hundert Jahren so. Mitte des 19. Jahrhunderts wurde die Archäologie zur einer anerkannten Wissenschaft. Vorher wurden die Stätten aus der Vergangenheit leider oft zerstört. Zumindest teilweise. Einen solchen Ort findet ihr in Schwörstadt, im Gewann Rebhalde, unterhalb des steil abfallenden Dinkelbergs:

Mitten in einem Wohngebiet steht der Heidenstein, der letzte Rest eines steinzeitlichen Grabes.

Von der einstigen Grabstätte, die unsere Urahnen in der Jungsteinzeit vor rund 3000 Jahren an dieser Stelle erbaut haben, ist heute nur noch die vordere Platte, eine trapezförmige Muschelkalktafel, übrig. In der Mitte hat die Tafel ein Loch, das Seelenloch. Offenbar glaubten die Menschen in der Jungsteinzeit, dass die Seelen ihrer verstorbenen Angehörigen durch das Loch ins Jenseits reisen könnten. In der Fachsprache der Archäologen heißen solche Anlagen „Dolmen". Das sind oberirdisch angelegte Bauwerke aus großen Steinblöcken, die ein wenig wie Steintische aussehen, wenn sie noch vollständig sind. Ursprünglich waren sie von Hügeln aus Erde oder Steinen bedeckt und dienten häufig der Bestattung von Toten. Dolmen sind die wichtigsten baulichen Überbleibsel aus der Megalithkultur, die nach dem Brauch der Jungsteinzeitmenschen, ihre Toten in große Ruhestätten aus Stein zu legen benannt ist. Friedhöfe, wie wir sie heute kennen, gab es damals nicht. Und jetzt stellt euch vor, so etwas wie den Heidenstein in Schwörstadt gibt es nicht nur einmal, sondern er ist Teil einer ganzen Gruppe von Megalithgräbern, die sich von Ostfrankreich über den nördlichen Teil der Gebirgskette des Schweizer Jura bis hin zum Hochrhein ziehen!

In der Mitte des Steins ist das sogenannte Seelenloch.

Doch warum ist in Schwörstadt nur noch eine einzige Steintafel übrig? Was ist mit diesem Bauwerk passiert? Von alten Fotos weiß man, dass die Grabanlage Anfang des 19. Jahrhunderts, also vor rund 200 Jahren, noch vollständig erhalten war. Die Ruhestätte lag in einem Weinbaugebiet am Ende eines Rebbergs. Und so wurde dieser Ort zunächst als Rebhäuschen benutzt. Der Winzer verstaute hier seine Arbeitsutensilien, die er für den Weinberg benötigte. Doch dann wurden die Weinberge aufgegeben und man brauchte das Rebhäuschen nicht mehr – das ja eigentlich eine Grabstätte war.

„Die aus rotem Sandstein bestehenden Seitenwände und die rückwärtige Abschlussplatte wurden zerschlagen und das Material beim Straßenbau verwendet", schreibt Rolf Dehn vom Landesdenkmalamt Baden-Württemberg, die Deckenplatte holte der Schmied, „um sie als Schleifstein zu verwenden." Wann genau das passierte, weiß man nicht, es muss aber im Laufe des 19. Jahrhunderts gewesen sein. Heute ist es kaum mehr vorstellbar, dass man einen kulturell und archäologisch so bedeutsamen Ort zerstört und die Steinbrocken einfach für den Bau einer Straße benutzt! Zurück blieb nur die Tafel mit dem Loch in der Mitte, weil sie den Menschen wohl nicht ganz geheuer war.

Erst 1922 begannen Archäologen an dieser Stelle zu graben. Sie fanden heraus, dass es sich beim Heidenstein um die Reste einer Grabanlage handelt, die einmal drei Meter lang und über zwei Meter breit gewesen sein muss. Obwohl das Innere der Ruhestätte zerstört war, fanden die Forscher Überreste von 19 Steinzeitmenschen! Und sie stießen noch auf weitere Hinterlassenschaften unserer Vorfahren, zum Beispiel auf durchbohrte Tierzähne und eine Dolchklinge aus Feuerstein. Und jetzt ratet mal, wo die heute sind? Natürlich! Im Bad Säckinger Museum!

Sabine Wienrich

> **So geht's zum Heidenstein:**
>
> Biegt auf der Hauptstraße in Schwörstadt (Richtung Rheinfelden) rechts in die Römerstraße ab. Auf der rechten Seite seht ihr dann den Heidenstein mitten im Wohngebiet.

? Welche Tiere starben in der Jungsteinzeit aus?

a) die Dinosaurier   b) die Mammuts   c) die Einhörner

Tipp: Sie waren sehr groß und hatten lange Stoßzähne!

St. Georgen

Geheimnis 38

Bahnhof
Unterwegs mit der Schwarzwaldbahn

Schön ist er nicht, aber trotzdem etwas ganz Besonderes: Der St. Georgener Bahnhof ist der höchstgelegene Bahnhof der Badischen Schwarzwaldbahn.

„Nächster Halt – St. Georgen im Schwarzwald" – wer schon mal mit einem Zug gefahren ist, kennt solche Durchsagen. Und wer sogar schon mal am St. Georgener Bahnhof ausgestiegen ist, der war mit einem ganz besonderen Zug unterwegs und ist an einem ganz besonderen Bahnhof ausgestiegen. Schön ist der St. Georgener Bahnhof allerdings nicht. 1873 wurde er erbaut und an manchen Stellen sieht er auch schon etwas schäbig aus. An den grünen Holzschindeln blättert die Farbe ab und auch die Fensterläden bräuchten dringend einen neuen Anstrich. In den 1970er-Jahren wurde der Bahnhof aufwändig saniert. Das sieht man zum Beispiel am Dach, das so gar nicht zum Rest passen will. Doch was macht den Bahnhof denn zu etwas Besonderem? Er liegt 806 Me-

St. Georgen

ter über dem Meeresspiegel und ist der höchstgelegene Bahnhof der Badischen Schwarzwaldbahn! Das klingt zwar abenteuerlich, aber merken wird man davon nichts, wenn man dort aussteigt, denn die Berge rundherum sind noch viel höher.

Diese hohen Berge und tiefen Täler muss auch die Schwarzwaldbahn, die von Singen nach Offenburg fährt, überwinden. Die Bahn lässt 150 Kilometer hinter sich, bezwingt dabei 650 Höhenmeter und fährt durch 39 Tunnel. Stellt euch vor, allein von Hausach, das im Kinzigtal liegt, bis St. Georgen hoch oben im Schwarzwald muss die Bahn einen 40 Kilometer langen Aufstieg bewältigen! Das ist ein Höhenunterschied von 564 Metern! Und das, obwohl die beiden Orte in der Luftlinie nur knapp 20 Kilometer auseinanderliegen.

„Aussteigen, bitte!" – die Schwarzwaldbahn fährt von Offenburg bis Singen.

Da ist es kein Wunder, dass den Zuggästen auf dieser Strecke manchmal die Ohren wehtun, weil die Druckveränderung so groß ist. Fast wie im Flugzeug!

Die großen Höhenunterschiede stellten auch die Erbauer der Schwarzwaldbahn Ende des 19. Jahrhunderts vor eine große Herausforderung: Wie kann ein Zug solche Berge und Täler überwinden und die Schwarzwaldgemeinden an die große weite Welt anbinden? Bisher waren viele Orte nur mit Kutschen, manche sogar nur zu Fuß erreichbar. Wie soll denn durch so ein enges Tal ein Zug fahren? Einer, der sich darüber den Kopf zerbrochen hat, war Robert Gerwig. Nach dem Ingenieur sind heute noch Straßen und Schulen benannt, so auch in St. Georgen. Anfangs wollte Gerwig die Bahn quer durch den Schwarzwald fahren lassen. Doch das war technisch gar nicht möglich.

Das Stück zwischen Offenburg und Hausach war unproblematisch, da es dort kaum Höhenunterschiede gibt. Schwierigkeiten bereitete der Abschnitt Hausach – Villingen. Gerwig untersuchte deshalb drei verschiedene Streckenführungen. Die erste Möglichkeit war die Bregtallinie, die über Furtwangen und entlang des Donauquellflusses Breg gegangen wäre. Eine weitere Idee war, die Schiltachlinie zu bauen. Bei dieser Strecke wäre der Zug an den Orten Wolfach, Schiltach und Schramberg vorbeigekommen. Und als dritte Möglichkeit prüfte der Ingenieur die Sommeraulinie über Hornberg und Triberg. Variante eins, die Bregtallinie, war vom baulichen Aufwand viel zu groß und wurde schnell verworfen. Die Schiltachlinie wäre zwar technisch einfacher machbar gewesen, aber die Bahn hätte in Schramberg gehalten – und das gehörte auch damals schon zu Württemberg. Eine württembergische Stadt soll von der Badischen Landesbahn angefahren werden? Nein, das wollte niemand! Die Schwarzwaldbahn sollte schließlich nur durch badisches Gebiet führen. So stand die Entscheidung fest: Die Schwarzwaldbahn musste den steilen Anstieg von Hausach nach St. Georgen schaffen!

806 Meter über dem Meeresspiegel liegt der Bahnhof.

Nach über 20 Jahren Planung wurden 1866 die ersten Streckenabschnitte der Schwarzwaldbahn eröffnet. Die Strecke Hausach – St. Georgen, also die Sommeraulinie, konnte erst viele Jahre später befahren werden, da sie so schwer zu bauen war. Doch Robert Gerwig und seinen Leuten gelang es – und am 10. November 1873 war es so weit: Die Schwarzwaldbahn fuhr das erste Mal von Offenburg an den Bodensee. Was muss das für ein toller Tag für viele Schwarzwälder gewesen sein! Endlich war das Reisen nicht mehr so mühsam!

Heute steigen allerdings nicht mehr so viele Menschen in St. Georgen aus dem Zug wie früher. Denn als der Bahnhof 1873 eröffnet wurde, war er für die kleine Bergstadt noch viel wichtiger als heute. Nicht weil er der höchstgelegene Bahnhof war, sondern weil er die Industrialisierung beschleunigte: In St. Georgen gab es bereits einige kleine Fabriken, besonders im Bereich der Feinwerk- und Elektrotechnik und der Uhrenindustrie. Und die wollten ihre Produkte in der ganzen Welt verkaufen. Außerdem brauchten die Fabriken Facharbeiter aus anderen Städten, für sie war die Schwarzwaldbahn also auch sehr wichtig, um zu ihrer Arbeitsstätte zu kommen. Damals gab es sogar drei Bahnhöfe in St. Georgen, nämlich den bestehenden Stadtbahnhof, den Bahnhof Sommerau und den Bahnhof Peterzell-Königsfeld.

Heute gibt es nur noch den Stadtbahnhof unten am Fuß der Bergstadt, und der ist für die Industrie nicht mehr so wichtig.

So geht's zum St. Georgener Bahnhof:

Am besten mit dem Zug! Der Bahnhof befindet sich an der Bahnhofstraße / Ecke Industriestraße.

Aber für die Touristen, die den Schwarzwald erkunden wollen, spielt der Bahnhof immer noch eine Rolle. Probiert es doch mal aus, setzt euch in den Zug und fahrt, bis angekündigt wird: „Nächster Halt ... St. Georgen im Schwarzwald!" Und wenn euch dann wegen des Drucks die Ohren wehtun sollten, dann müsst ihr euch einfach die Nase zuhalten und ganz fest dagegenpusten, als würdet ihr euch schnäuzen. Das hilft!

Sabine Wienrich

Wer gilt als Erbauer der Schwarzwaldbahn?

*a) **St. Georg**   b) **Johann Weisser**   c) **Robert Gerwig***

Tipp: Die größte Schule in St. Georgen wurde auch nach ihm benannt.

St. Georgen/Oberkirnach

Geheimnis 39

St.-Wendelins-Kapelle
Ruine erinnert an Reformation

Wo einst ein kleines Kirchlein stand, gibt es heute nur noch Ruinen: Die St.-Wendelins-Kapelle in Oberkirnach wurde nach der Reformation zerstört.

Seid ihr evangelisch? Katholisch? Muslimisch? Jüdisch? Buddhistisch? Hinduistisch? Oder konfessionslos? Egal! Heute gehen Kinder mit verschiedenen Religionen gemeinsam in den Kindergarten, in die Schule und manchmal sogar in die Kirche, Moschee oder Synagoge. Auch wenn die Traditionen, Bräuche und Rituale sich natürlich sehr voneinander unterscheiden: In Deutschland darf jeder glauben, was er will. Ein Glück! Doch das war leider nicht immer so. In Oberkirnach, einem Stadtteil von St. Georgen, gibt es einen Ort, der zeigt, was passiert, wenn Religionen aufeinanderprallen – und keiner den anderen glauben lässt, was er will. Wo einst ein kleines, hübsches Kirchlein stand, die St.-Wendelins-Kapelle, sind heute nur noch Mauerreste übrig. Und das nicht, weil das Kirchlein aus dem 15. Jahrhundert so alt und baufällig gewesen wäre. Nein, es wurde absichtlich zerstört! Einfach abgerissen! Wie das passiert ist? Das alles ist schon fast 500 Jahre her:

Die St.-Wendelins-Kapelle war für die Bauern des Oberkirnacher Tals im 16. Jahrhundert ein sehr wichtiger Ort. Sie schufteten bei Wind und Wetter an den steilen Hängen und in den tiefen Tälern des Schwarzwalds. Ihr Leben war abhängig von der Natur – und sie glaubten, dass Gott ihr Schicksal in der Hand hält. Deshalb waren auch die meisten Schwarzwälder zu dieser Zeit streng katholisch und beteten viel: für ihre Familie, ihre Kinder, ihre Ernte und ihre Tiere. Dafür brauchten sie einen Ort – und so bauten sie Anfang des 15. Jahrhunderts direkt am Waldrand die St.-Wendelins-Kapelle. Im Jahr 1496 weihte der Konstanzer Bischof das Kirchlein und benannte es nach dem heiligen Wendelin, dem Volksheiligen des Viehs, der Hirten und der viehzüchtenden Bauern. Wenn die Kirchenglocke sonntags zur Messe läutete, drängten sich 150 Gläubige dicht an dicht in dem kleinen Gotteshaus. Und da die Plätze nicht ausreichten, wurden rings um die Kapelle Matten ausgelegt,

Der Stein erinnert an die Kapelle.

auf denen weitere Bauern sitzen konnten. Sie beteten, sangen, aßen und tranken – und verbrachten hier die schönsten Stunden ihrer anstrengenden Woche.

Doch dann kam die Reformation. Habt ihr schon einmal von Martin Luther gehört? Martin Luther wurde 1483 in Eisleben geboren. Eines Tages wäre er bei einem schweren Gewitter fast ums Leben gekommen – da gelobte er der heiligen Anna, der

Schutzpatronin der Bergleute, Mönch zu werden. Zwei Jahre danach wurde er zum Priester geweiht, er studierte in Wittemberg und wurde dort Professor für Bibelerklärung. Schließlich war er überzeugt: Nicht durch gute Werke, sondern nur im Glauben erlangt der Mensch Gottes Gnade. Deshalb war er mit den Ablassbriefen der Kirche nicht einverstanden, durch die sich Menschen mit Geld von ihren Sünden freikaufen konnten. Darüber wollte er mit anderen Theologen diskutieren, schrieb in 95 Thesen seine Meinung auf und befestigte diese Streitschrift an der Tür der Schlosskirche zu Wittemberg. Die Wirkung war unbeschreiblich groß. Ihr könnt euch vorstellen, dass das den katholischen Kirchenobersten überhaupt nicht gefallen hat – und da Luther nicht widerrief, verbannten sie ihn aus der Kirche und der Kaiser ächtete ihn. Doch sein Landesherr gab ihm ein Versteck auf der Wartburg, und dort übersetzte er die Bibel erstmals ins Deutsche. Die Reichsfürsten waren gespalten. Manche unterstützten Kaiser und Papst, andere gaben Luther recht und protestierten gegen die Ächtung, man nannte sie deshalb Protestanten. Das alles führte zur Reformation, also zur Erneuerung der Kirche: Neben dem katholischen entstand das evangelisch-lutherische und das reformierte Bekenntnis.

> **So geht's zur Ruine der Kapelle St. Wendelin:**
>
> Ihr fahrt von Oberkirnach in Richtung Kesselberg und biegt in den Hagzinkenweg ein. Dort haltet ihr in der Nähe des Stoffelhofes und geht zu Fuß zur Ruine am Waldrand.

Doch mit der Reformation war das Schicksal der kleinen St.-Wendelins-Kapelle in Oberkirnach besiegelt. Denn der damalige Landesherr, Herzog Ulrich von Württemberg, war ein Verfechter der Reformation. Und da jeder Landesherr seinen Untertanen den Glauben befehlen konnte, mussten alle Württemberger evangelisch werden, ob sie wollten oder nicht. Was glaubt ihr, wie traurig und sauer die Bauern in Oberkirnach darüber waren! So einfach wollten sie nicht aufgeben. Es wurden sogar heimlich katholische Messen gehalten, obwohl das längst verboten war!

Das bemerkte der evangelische Pfarrer aus St. Georgen – und beantragte beim Herzog eine Vollmacht zur Bekämpfung der katholischen Bräuche. Und so befahl der junge württembergische Herzog Friedrich Anfang des 17. Jahrhunderts, dass die kleine Kapelle abgerissen wird. Die Oberkirnacher Bauern sollten bei dem Abbruch auch noch mithelfen! Darauf hatten sie aber gar keine Lust – und deshalb wurden zunächst nur der Dachstuhl und das Glockentürmchen zerstört. Die Glocke sollte von einem Fuhrmann mit einem Stierkarren nach St. Georgen gebracht werden. Der Legende nach ist sie übrigens nie dort angekommen, sondern mit einem lauten Krachen samt Stier, Karren und Fuhrmann im nahegelegenen Klosterweiher versunken. Dort soll man heute noch manchmal den Stier brummen hören! Vielleicht mahnt er ja zur Toleranz gegenüber allen Religionen? Denn auch heute noch gibt es leider – auch in Deutschland – immer wieder Konflikte, weil Menschen den Glauben anderer nicht akzeptieren und tolerieren können. In St. Georgen leben zum Glück meist alle friedlich miteinander: Katholiken und Protestanten, Muslime, Buddhisten, Hindus und Juden. Und zumindest die Katholiken und Protestanten haben bereits öfter in der Ruine der kleinen Oberkirnacher Kapelle zusammen Gottesdienst gefeiert. Daran hätte vor 400 Jahren, als auch noch die Mauern des Kirchleins eingerissen wurden, bestimmt keiner geglaubt!

Sabine Wienrich

Wie nennen die einheimischen Kinder den Brunnen vor dem St. Georgener Rathaus?

a) Zinkenbächle   b) Fidlesbrunnen   c) Backeteich

• *Tipp: An welchen Körperteil erinnern euch die Steine des Brunnens?*

Tiengen

Geheimnis
40

Chindlistein
Vergessener Dauergast im Fußballstadion

Was steht denn da am Spielfeldrand?
Sieht aus wie ein Mauerrest. Ist aber ein Menhir.

„Tooooor!" Auf dem alten Fußballplatz des FC Tiengen 08 fallen leider nur noch selten Tore. Denn heute finden die Spiele im neueren und viel größeren Langensteinstadion einige Hundert Meter weiter statt. Trotzdem gibt es in der Sportstätte, die direkt hinter der Wutach am Waldrand liegt, einen Dauergast. Er hat es sich vor vielen Jahrtausenden dort bequem gemacht, lange bevor an diesem Ort Fußball gespielt wurde: der Chindlistein, auch Langenstein genannt. Der Chindlistein ist ein Menhir, also ein Hinkelstein. Allerdings sieht dieser Stein auf den ersten Blick mehr aus wie ein Mauerrest oder das Überbleibsel einer Burg.

Der Menhir ist etwa sechs Meter hoch und hat an seiner breitesten Stelle einen Durchmesser von rund 1,70 Meter. Außerdem ist er recht unregelmäßig geformt und steht ein bisschen schief. An manchen Stellen wachsen sogar kleine Ästchen aus ihm heraus! Ästchen? Aus einem Stein? Wenn ihr ganz nah herangeht, erkennt ihr, dass der Stein aus lauter groben Kieselsteinchen besteht. In der Fachsprache nennt man das ein Konglomerat. Da sich zwischen den zusammengeballten Steinchen ein wenig Erde befindet, gibt es einen Nährboden für Pflanzen. Relativ junge Konglomerate, die im nördlichen Teil der Alpen im Alpenvorland vorkommen, heißen übrigens auch Nagelfluh. Und genau um solche Nagelfluh handelt es sich bei dem Chindlistein in Tiengen. Entstanden ist er vermutlich in der Jungsteinzeit, also vor ungefähr 5000 Jahren aus Ablagerungen eines Flusses, vielleicht sogar aus der Wutach.

Doch wie kommt dieser schiefe Stein überhaupt hier her? Ist er hier entstanden? Nein! Er wurde tatsächlich hier hergetragen! Nicht von Obelix, dem starken Gallier mit den Wunderkräften, der Hinkelsteine mühelos huckepack nimmt, sondern von unseren Vorfahren, den Steinzeitmenschen. Sie stellten ihn in der Nähe des Flusses auf und errichteten hier eine Kultstätte. Auf der ganzen Welt gibt es solche geheimnisvollen Orte mit Menhiren aus der Steinzeit, an manchen wurden sogar alte Gräber gefunden (siehe Geheimnis 37). Beim Chindlistein, dessen Name sich aus dem Schwyzerdütschen ableitet und so viel wie „Kinderstein" heißt, war das nicht so. „Dieser große Menhir war über Jahrtausende sakraler Ort, hier wurde die Ahnfrau als Stammmutter, als Chindlischenkerin verehrt", erklärt Günter Hoffmann, Vorsitzender des Geschichtsvereins Hochrhein. Wenn eine Frau nicht schwanger wurde, konnte sie sich hier Hilfe holen und an verschiedenen Fruchtbarkeitsritualen teilnehmen. „In der Legende heißt es, dass die Hebammen der Stadt am Stein die Neugeborenen in Empfang nehmen", sagt er. In Tiengen brachte also nicht – wie man so sagt – der Klapperstorch die Kinder zu ihren Eltern, sondern der Chindlistein.

> **So geht's zum Menhir:**
>
> Parkt am Langensteinstadion und geht zu Fuß über die Wutach-Brücke. Dort liegt das alte Fußballstadion auf der anderen Seite des Flusses.

Doch auch viele Jahrtausende später verlor der Ort nicht an Bedeutung. „Weit über das Mittelalter hinaus war er Versammlungsstätte, und hier wurde noch lange Gericht gehalten", weiß Günter Hoffmann. Später zog das Gericht in ein Rathaus um und der Chindlistein geriet in Vergessenheit.

Als der FC Tiengen 1908 kurz nach seiner Gründung seinen ersten Fußballplatz anlegte, stieß man wieder auf den Stein – und baute das Fußballfeld kurzerhand direkt daneben. So steht der Chindlistein bis heute da, zugewuchert und überwachsen, direkt in der Nähe des Tors. Viele Fouls und Abpfiffe hat er schon gesehen, aber auch viele Tore. Er ist der Gast mit Dauerkarte, den man einfach im Fußballstadion vergessen hat.

Sabine Wienrich

Woher stammt die Dampffahne, die man sowohl von Waldshut als auch von Tiengen aus am Himmel sieht?

a) von der Schokoladenfabrik Leibland
b) vom Atomkraftwerk Leibstadt
c) vom Dampferschiff Leibfluss

Tipp: Schaut doch mal, wo der Dampf herauskommt.

Titisee-Neustadt

Titisee
Von versunkenen Städten und Seemonstern

Geheimnis 41

Der Titisee ist der größte natürlich See im Schwarzwald. Über ihn gibt es viele spannende Sagen und Legenden.

Na, was seht ihr hier? Einen See? Richtig! Viel Wasser? Genau! Schiffe und Tretboote? Klar! Schwimmer? Natürlich! Wir sind ja auch am Titisee, dem größten natürlichen See im Schwarzwald.

Hier kurz die Fakten: 1,3 Quadratkilometer Fläche misst er, durchschnittlich ist er 20 Meter tief, an der tiefsten Stelle sogar 46 Meter. Man braucht rund zwei Stunden zu Fuß, um ihn zu umrunden, im Sommer baden hier viele, im Winter kann man Schlittschuhfahren, wenn auch nur selten, weil der See sehr lange braucht, um zuzufrieren. Ein ganz normaler See, oder? Ha! Das sind nur die Dinge, die wir wissen, sehen und belegen können. In dieser Geschichte geht es aber um die Dinge, die wir *nicht* sehen können, auch wenn wir die Augen ganz weit aufmachen. Glaubt ihr an Sagen und Mythen? Dann werdet ihr jetzt allerhand erfahren über reiche Menschen, versunkene Städte und Seemonster. Was ihr dann glaubt – oder auch nicht – könnt ihr selbst entscheiden.

Seit Jahrhunderten schon fasziniert der tiefblaue See inmitten des Schwarzwalds die Menschen. Und da es vor vielen hundert Jahren noch keine wissenschaftlichen Untersuchungen zur Entstehung des Sees gab, erklärte man das Ganze so: Unterhalb des Sees gab es eine reiche Stadt mit einem Kloster. Die Menschen waren so wohlhabend und lebten so üppig, dass sie ihre Brotlaibe aushöhlten und die Krümel an die Tiere verfütterten. Sie sollen sich sogar die ausgehöhlten Brote als Schuhe angezogen haben! Welch Völlerei in einer Zeit, in der Hunger und Armut häufig waren! Ahnt ihr, was dann geschah? Eines Tages wurden sie für ihr ausschweifendes Leben bitter bestraft. Die Stadt versank – samt ihren Bewohnern – in der Erde. Und genau an dieser Stelle entstand der Titisee! Noch heute soll man bei gutem Wetter die Spitze des Kirchturms erkennen können, die aus dem Wasser herausragt. Seht ihr sie?

Der romantische See.

Wissenschaftler erklären die Entstehung des Titisees natürlich anders: Ein Gletscher, der vom nahegelegenen Feldberg kam, hat das Becken des Sees ausgehobelt. Und nachdem das Eis geschmolzen war, füllte sich das abflusslose Becken mit viel Wasser. Und, was glaubt ihr jetzt, wie der Titisee entstanden ist? Versunkene Stadt oder Eiszeit?

Auch die Tiefe des Sees war lange Zeit unerforscht. Taucher und Messgeräte gab es bis ins 19. Jahrhundert hinein noch nicht, niemand wusste so recht, wie tief der Grund ist. Und das, obwohl schon viele Menschen versucht hatten, es herauszufinden!

Eines Tages fuhr ein Mann mit einem Kahn auf den See, paddelte in die Mitte und warf eine lange, lange Schnur ins Wasser. Am Ende der Schnur war ein Stück Blei befestigt, und so sank sie in die Tiefe. Der Mann hatte viele Spulen Garn dabei, er ließ immer wieder die Schnur ab – aber das Blei schien nicht auf den Grund zu kommen. Als 18 Spulen leer waren, rief eine fürchterliche Stimme aus der Tiefe: „Missest du mich, so verschling ich dich!" Der Mann bekam einen gehörigen Schrecken – und paddelte ganz schnell an Land zurück. Seither, so behauptet die Sage, hat es keiner mehr gewagt, die Tiefe des Titisees zu messen. Schließlich wollte niemand dem Seemonster zum Opfer fallen!

Stimmt natürlich nicht ganz. Denn in Wahrheit wurde der See durchaus vermessen – und heute ist sicher: Er ist an manchen Stellen bis zu 46 Meter tief. Im Vergleich zum Bodensee, der über 250 Meter tief ist, ist das natürlich nichts. Doch das Seemonster haben bisher auch die Taucher noch nicht gefunden – hat es sich in einem der Häuser der versunkenen Stadt versteckt?

Sabine Wienrich

> **So geht's zum Titisee:**
>
> Der See liegt direkt an der B 31 zwischen Donaueschingen und Freiburg.

? Wie heißt die Rettungstauchergruppe am Titisee?

a) Pinguin   b) Walross   c) Haifisch

Tipp: Diese Tiere können sehr gut tauchen und sind sehr flink.

Triberg

Quelle
Barbara und das große Wunder

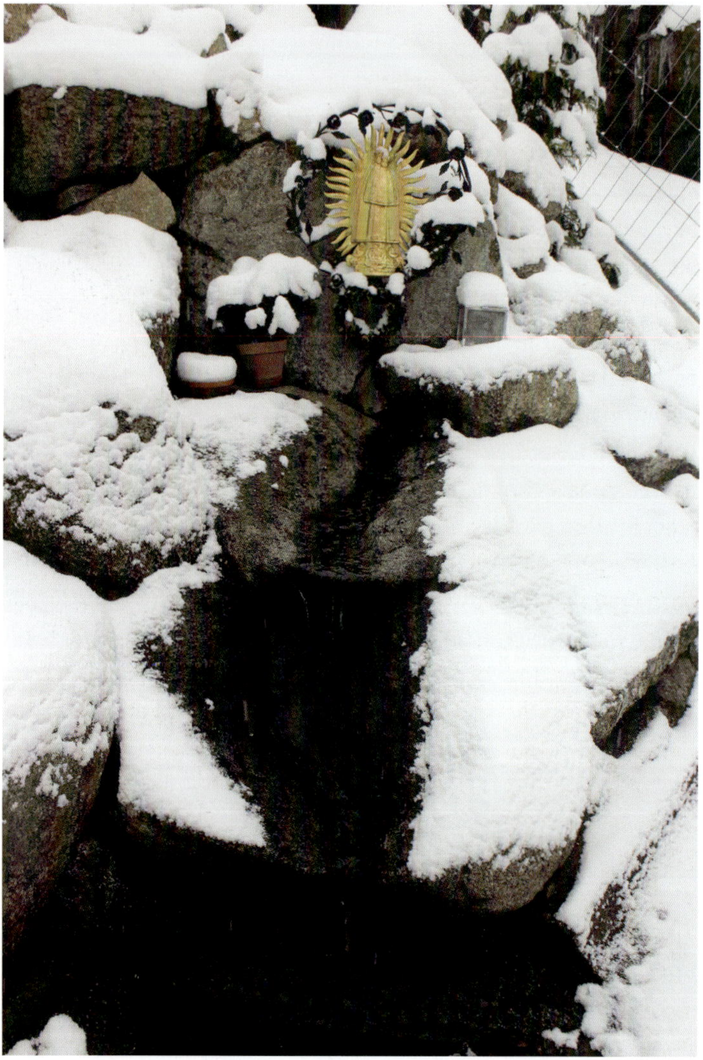

Die kleine Quelle plätschert auch heute noch. Ihr Wasser ist aber ziemlich kalt!

Barbara Franz war ungefähr sieben Jahre alt und lebte mit ihren Eltern im Schwarzwald, irgendwo zwischen Triberg und Schonach. So ganz genau weiß das niemand mehr, weil sich die Geschichte der kleinen Barbara vor sehr, sehr langer Zeit ereignet hat. Jedenfalls kam Barbara an einem sonnigen Tag vor rund 400 Jahren mit ihrer Mutter an einem schönen Ort im Wald nahe den Triberger Wasserfällen vorbei – und dann passierte etwas ganz Erstaunliches!

Das junge Mädchen entdeckte eine große Tanne, neben der eine kleine Quelle plätscherte. Vor der Tanne lag ein kleines Marienbildchen auf dem Boden. Barbara hob es auf und nahm es gegen den Willen ihrer Mutter mit nach Hause. Dort stellte sie es in den Herrgottswinkel, das ist eine Ecke im Wohnzimmer, in der gläubige Menschen Gottes gedenken. Meist hängt dort ein Kruzifix und manchmal sind da auch Kerzen, Bilder von Heiligen und die Bibel. Als die kleine Barbara lebte, gab es den Herrgottswinkel wohl in jedem katholischen Haus. Das Kind betete täglich zu dem Marienbildchen. Doch könnt ihr euch

An der Straße nach Schonach steht eine kleine Wallfahrtskirche am Waldeshang.

vorstellen, was dann geschah? „Drei Tage danach bekam sie ein schweres Augenleiden, und es bestand sogar die Gefahr der Erblindung", schreibt ein Autor namens J.P. Degen, der ihre Geschichte später zu Papier brachte. Barbaras Eltern hatten große Angst um ihr Kind und beteten jeden Tag. Das kleine Mädchen schlief viel und eines Nachts hörte sie im Traum eine Stimme, die zu ihr sagte, dass sie das Marienbild, das sie an der Tanne gefunden hatte, unbedingt wieder zurückbringen solle. Dann werde sie geheilt. Barbara ging also mit ihren Eltern zu der großen Tanne – und hängte das Bildchen an seinem ursprünglichen Ort wieder auf. Dort beteten sie und wuschen Barbaras Augen mit Wasser aus der kleinen Quelle, die in der Nähe der Tanne war. Und – welch Wunder! Die junge Schwarzwälderin konnte von Stunde zu Stunde wieder besser sehen und nach zwei Tagen war sie vollständig geheilt!

Ihr könnt euch vorstellen, dass die Menschen diesem geheimnisvollen Ort mit der kleinen Quelle und der Tanne deshalb eine große Bedeutung beimaßen! Immer wieder gingen kranke Männer und Frauen zur großen Tanne, beteten und wuschen sich mit dem heilenden Quellwasser. 1645 wurde ein Schneidermeister geheilt, der daraufhin zum Dank eine Marienstatue schnitzte und in eine Höhlung in der Tanne stellte.

1694 kam ein gewisser Gabriel Maurer zu der Tanne. Er litt immer wieder unter starken Schmerzen, sodass er manchmal kaum laufen konnte. In seiner Not humpelte er, gestützt von Krücken, zu der Marienstatue und versprach, in den Kapuzinerorden einzutreten, wenn er nur geheilt werden würde. Dann rieb er sich seine kranken Beine mit dem Quellwasser ein. Auf dem anstrengenden Rückweg machte der erschöpfte Mann eine Pause, schlief ein – und erwachte gesund. Was man verspricht, das muss man ja bekanntlich halten, das wusste Gabriel Maurer. Und es fiel ihm auch gar nicht schwer, so sehr freute er sich über die Genesung. Er trat in den Kapuzinerorden ein und tat noch mehr als das: Er sorgte dafür, dass in der Nähe der großen Tanne eine kleine Holzkapelle errichtet wurde, die aber mehr ein Bretterverschlag gegen Regen als eine prächtige Kirche war. Maurer baute sich ein kleines Häus-

> **So geht's zur Quelle:**
>
> Ihr fahrt auf der B 500 von Triberg in Richtung Schonach, dort sehr ihr die kleine Kirche auf der linken Seite. Geht einmal um die Kirche herum, dann entdeckt ihr die Quelle.

chen nebenan, um immer in der Nähe der Kapelle zu sein. Dort lebte er als Mesner, also als Wächter der kleinen Kapelle. Aber zufrieden war er damit nicht: Er wollte unbedingt, dass eine schöne, große Kirche errichtet werden sollte!

Das Ordinariat, also die Behörde des Bischofs in Konstanz, war zunächst dagegen, bis eine bischöfliche Kommission den Ort untersuchte. Danach genehmigte die katholische Kirche endlich den Bau einer kleinen Wallfahrtskirche. Dafür musste die große, dunkle Tanne, an die Barbara einst das Marienbildchen gehängt und in die der Schneidermeister die geschnitzte Statue gestellt hatte, weichen. Kurzerhand wurde sie gefällt und rasch eine kleine Kirche errichtet. Die Menschen kamen von überall her, um Maria in der Tann' zu besuchen, bei ihr zu beten und sich heilen zu lassen. Und so wurde das Kirchlein sehr bald zu eng. Um 1700 baute man deshalb eine neue Kirche mit einem großen Turm. Darin war auch das Innere viel prächtiger als zuvor: Es wurden ein goldener Hochaltar, zwei Seitenaltäre und eine Kanzel errichtet. Später kam noch ein Taufstein dazu. Wo gibt es einen schöneren Ort, um zu heiraten oder ein Kind taufen zu lassen?

Im Mesnerhäuschen lebte der Wächter der Kapelle.

Sabine Wienrich

Frage: Für was ist Triberg noch bekannt?

a) für seinen großen Stausee
b) für seine tiefen Gruben
c) für die gewaltigen Wasserfälle

Tipp: Man braucht ein wenig Kondition, um sich dieses Naturdenkmal anzuschauen.

Triberg

Geheimnis 43

Kirschtorte
So eine süße Leckerei!

Konditor Claus-Dieter Schäfer zeigt das Originalrezept seines Vaters für die Schwarzwälder Kirschtorte.

Wie lecker! Die Kirschtorte gehört zum Schwarzwald wie die Tannen, der Schinken und die Kuckucksuhren. Da würde heute wohl niemand widersprechen. Es gibt kaum ein Café oder eine Konditorei im Schwarzwald, wo man die Leckerei aus Biskuit, Sahne, Schokolade, Kirschen und einem ordentlichen Schuss Kirschwasser nicht bekommt. Doch das war nicht immer so. Denn bis in die 1930er-Jahre kannte das süße Backwerk – zumindest im Schwarzwald – fast niemand. Wie bitte? Sie heißt doch sogar *Schwarzwälder* Kirschtorte!

Das Café Schäfer liegt direkt an der Hauptstraße.

Es gibt viele verschiedene Geschichten und Erklärungen, die sich rund um die Entstehung der heute am meisten verkauften Torte Deutschlands ranken, doch in einem Punkt sind sie alle gleich: Die sahnige Süßigkeit hat ihren Ursprung nicht im Schwarzwald. Kaum zu glauben, oder? Wie ist dann der Kassenschlager dort hingekommen? Und wer hat ihn überhaupt erfunden?

Claus-Dieter Schäfer, Konditormeister aus Triberg, gilt als der „Kirschtortenpapst" schlechthin, auch wenn er das eigentlich gar nicht so gerne hört. In seinem kleinen Café in der Triberger Hauptstaße fragen regelmäßig Japaner, Inder, Ölscheiche und Amerikaner nach seinem Geheimrezept. Seine Torte schmeckt einfach besonders gut. Und das hat auch einen Grund: Claus-Dieter Schäfer ist sich sicher, dass sein Vater die Kirschtorte in den Schwarzwald gebracht hat.

Die Geschichte geht so: Im Jahr 1926 ging August Schäfer, Claus-Dieter Schäfers Vater, von Triberg nach Radolfzell an den Bodensee, um dort eine Konditorlehre zu absolvieren. Sein Lehrmeister, der Inhaber des kleinen „Caféstübchens mit vier Tischen", war ein gewisser Josef Keller. Von ihm lernte der junge Triberger sein Handwerk. Josef Keller war einst im bekannten Bad Godesberger „Café Aigner" beschäftigt gewesen. Dort probierte er für die Bonner Gäste allerlei neue Kreationen aus. Und der Renner dort war – genau! Ein mit Kirschen, Sahne und Schokostreuseln belegter Schokoladenboden. Dazu ein Schuss Kirschwasser. „Das war der Vorläufer der Schwarzwälder Kirschtorte", sagt Claus-Dieter Schäfer, „und dieses Rezept gab Josef Keller dann an meinen Vater weiter." Dafür gibt es auch einen Beweis: Ein kleines Büchlein, in das August Schäfer fein säuberlich das Grundwissen des Handwerks geschrieben hat. Es ist heute noch in Familienbesitz – und beinhaltet ein Grundrezept der „Schwarzwälder Kirsch".

1929 kam August Schäfer, das Rezept im Gepäck, zurück nach Triberg. In den nächsten Jahren entwickelte der frischgebackene Konditor es weiter und 1934 wurde die Torte sogar erstmals in einem Fachbuch erwähnt. Konditoren aus Großstädten wie Berlin und Dresden begannen sie nachzubacken: In den Cafés fand sie reißenden Absatz! Die Hausfrauen trauten sich noch nicht recht an das komplizierte Rezept mit den vielen verschiedenen Schokoladenböden heran, das kam erst später. Jedoch wurde die „Schwarzwälder Kirsch" in den kommenden Jahrzehnten immer beliebter – und zwar nicht nur in Deutschland.

Die Torte kam also nach Aussagen der Triberger Familie Schäfer von Bonn über den Bodensee in den Schwarzwald.

Eine andere Entstehungstheorie behauptet, ein Tübinger Konditor habe sie erdacht. In der Diskussion steht auch die Schweiz als Ursprungsland, da es dort ein ähnliches Gebäck gibt. Im Grunde ist es ja auch egal, wer genau die süße Leckerei erfunden hat. Hauptsache sie schmeckt!

Und was ist das Geheimnis an der Kirschtorte? „Der Biskuitboden muss ordentlich mit einer Mischung aus Kirschwasser, Zucker und Kirschsaft getränkt werden", sagt Claus-Dieter Schäfer. „Außerdem gehört auch an die Schlagsahne ein kleiner Schuss Kirschwasser." Das ist natürlich nichts für Kinder, da Kirschwasser einen sehr hohen Alkoholgehalt hat. Und deshalb hat der Konditor auch ein spezielles Kinderrezept aufgeschrieben – ohne Alkohol. Statt Schnaps gibt es dann einfach nur Kirschsaft! Die alkoholfreie Kirschtorte essen übrigens nicht nur Kinder: Arabische Ölscheiche bestellen sie gerne ohne Kirschwasser, da sie keinen Alkohol zu sich nehmen. Na, dann ran an den Backofen! Probiert sie aus! Richtig lecker, oder?

Sabine Wienrich

> **So geht's zum Café Schäfer in Triberg:**
>
> Einfach die Hauptstraße in Richtung Wasserfälle hochfahren, dort kommt das Café auf der linken Seite, Hauptstraße 33. Mittwoch ist Ruhetag.

Was glaubt ihr, hat sich in Triberg wirklich zugetragen?

a) **Fanden in Triberg 1925 die Eiskunstlauf-Europameisterschaften statt?**
b) **Gab es in Triberg die erste elektrische Straßenbeleuchtung in ganz Deutschland?**
c) **Wurde in Triberg eine der ersten Natur-Bobbahnen gebaut?**

Tipp: Schaut mal auf die Internetseiten der Stadt Triberg: www.triberg.de

Schwarzwälder Kinderkirschtorte
Rezept nach Claus-Dieter Schäfer

Das braucht ihr

Für den Mürbeteigboden:

125 g Mehl
60 g Butter
3 Esslöffel Zucker
1 Prise Salz
1 Eigelb

Für den Biskuitboden:

6 Eier
1 Prise Salz
180 g Zucker
100 g Mehl
50 g Speisestärke
50 g Kakao

Für die Füllung:

600 – 700 g Schattenmorellen (aus dem Glas)
60 g Zucker
1/2 l Kirschsaft
30 g Speisestärke
½ l Sahne
1–2 Päckchen Sahnesteif
3 EL Zucker
Bitterschokolade
1 Päckchen Vanillezucker

… und eine Mama/Papa/Oma/Opa, die euch beim Backen helfen!

So geht's

Mürbeteigboden:
Zutaten in einer Rührschüssel vermischen, gut durchkneten. Dann kommt der Teig für 30 Minuten in den Kühlschrank. Anschließend ein bisschen Mehl auf einer Arbeitsplatte verteilen und den Teig dort ausrollen. Dann legt ihr damit eine eingefettete Springform (Durchmesser 26 cm) aus und backt den Boden bei 175 Grad 20 Minuten lang im vorgeheizten Backofen.

Biskuitboden:
Eier trennen. Eiweiß und Salz steif schlagen, Zucker einrieseln lassen und weiterschlagen, bis er sich aufgelöst hat. Eigelb unterrühren. Dann Mehl, Stärke und Kakao mischen, über das geschlagene Eiweiß sieben und mit dem Schneebesen ganz vorsichtig unterheben. Teig in eine eingefettete und mit Backpapier ausgelegte Springform (Durchmesser 26 cm) füllen und im vorgeheizten Ofen 20 bis 30 Minuten bei 200 Grad backen. Danach gleich den Biskuit rausnehmen und auf dem umgedrehten Ofengitter auskühlen lassen. Das Backpapier entfernen und den Boden zweimal waagerecht durchschneiden, sodass drei Böden entstehen.

Füllung:
Die Kirschen in ein Sieb geben und abtropfen lassen. Fangt den Saft dabei in einem weiteren Behälter auf! 14 Früchte für die Dekoration weglegen. ¼ l Saft mit etwas Wasser auf dem Herd zum Kochen bringen, danach zur Seite stellen. Die Speisestärke mit 2 EL kaltem Wasser anrühren, zum Kirschsaft geben und noch mal kurz aufkochen. Die abgetropften Kirschen mit 60 g Zucker dazugeben. Die Sahne mit Sahnesteif schlagen und 3 EL Zucker sowie den Vanillezucker einrieseln lassen. Jetzt werden die drei Biskuitböden in noch mehr Kirschsaft getränkt. Sie müssen gut feucht sein!

Finale:
Den Mürbeteigboden auf eine Kuchenplatte legen und direkt darauf einen Biskuitboden geben. Etwas von der Kirschcreme darauf verteilen, mit etwas Sahne überziehen und den zweiten Biskuitboden darauf legen. Jetzt kommen wieder Kirschcreme und Sahne darauf. Beim dritten Boden ist es wieder das Gleiche. Dann die Torte rundherum großzügig mit Sahne bestreichen. Die Schokolade mit dem Sparschäler in feine Locken hobeln und die Torte damit bestreuen. Am Ende werden die zurückgelegten Kirschen auf der Torte verteilt.

Guten Appetit!

Villingen-Schwenningen

Geheimnis 44

Bärenfamilie
Einschusslöcher und eine Malzleitung

Sechs kleine und große Bären auf ihrem Weg über die Straße.

Der Erste ist neugierig. Das ist ein Kleiner. Er hat seinen Kopf leicht gehoben und blickt erwartungsvoll nach vorne. Auch der Große, der folgt, ist neugierig. Dann kommt wieder ein Kleiner. Den scheint der Marsch ziemlich anzustrengen. Er hat das Köpfchen gebeugt und es sieht so aus, als könne er den Weg kaum noch bewältigen. Dann wieder ein Großer. Der hat es eilig – ist er auf Beutejagd? Das Maul hat er leicht geöffnet, als würde er zu einem gefährlichen Brüllen ansetzen. Oder handelt es sich um die Bärenmama, die ihre Jungen gegen mögliche Feinde verteidigt? Dann kommt wieder ein Kind, das wirkt so, als würde es regelrecht tanzen. Es folgt, als Letzter, ein Großer, der könnte schon alt sein, vielleicht handelt es sich um den Großvater. Auch er trägt seinen Kopf gebeugt und hat einen Buckel. Von wem die Rede ist? Von den drei großen und den drei kleinen metallenen Bären, die in Schwenningen in etwa sieben bis acht Metern Höhe auf einer Stange über die Villinger Straße balancieren. Wie kommen die Bären da hin? Und warum haben sie viele kleine Löcher in ihren Körpern? Diese entdeckt man nämlich, wenn man genau hinsieht. Sie sehen wie Einschusslöcher aus, aber wer würde denn auf metallene Bären schießen? Heimatforscher Siegfried Heinzmann kennt die Antwort auf all diese Fragen: „Es handelt sich tatsächlich um Schusslöcher", bestätigt er. „Als die Franzosen kurz vor Ende des Zweiten Weltkriegs 1945 in Schwenningen einmarschierten, feuerten sie auf die Tierchen."

Ob sie tatsächlich die Bären treffen wollten oder sich durch einen Schuss in die darunterliegende Malzleitung Freibier erhofften, bleibt wohl für immer ein Geheimnis. Denn die Bären waren sozusagen Werbeträger der Bärenbrauerei, deren Gebäude rechts und links der Straße lagen. Wo man heute das Gerüst sieht, auf dem die Bären tapsen, verlief damals die Malzleitung. Wobei – wenn die Franzosen sich Bier erhofft hätten, wären sie enttäuscht worden: „Es floss lediglich Malz durch die Leitung, das von der Aufbereitung der Gerste in der Mälzerei zum Braukessel geblasen wurde", erzählt Siegfried Heinzmann.

Bären unterwegs über die Villinger Straße.

1975 ging die Bärenbrauerei in die Fürstlich Fürstenbergische Brauerei Donaueschingen über, das Brauereigebäude wurde abgerissen. Auch die Bären und die Malzleitung wurden entfernt. 1994 sollten sie beim Neubau der Wohnanlage Bärenpark eigentlich wieder über der Straße angebracht werden. Doch – oh Schreck! Die beliebten Tierchen waren verschwunden, was in Schwenningen für große Aufregung sorgte. Die komplette Stadtverwaltung wurde durchsucht – vergeblich. Schließlich fanden sich die Bären, sorgsam für die Schwenninger aufbewahrt, in Donaueschingen wieder. Der daraufhin gegründete Förderkreis „Bärenfamilie" sorgte dafür, dass 1995 die Tiere wieder über der Villinger Straße angebracht wurden. Seither tapsen sie wie früher hoch oben die Straße, die drei kleinen und die drei großen Schwenninger Bären.

So geht's zur Bärenfamilie:

Die Bären tapsen über die Villinger Straße in Schwenningen.

Eva-Maria Bast

Warum hat sich die 1797 gegründete Brauerei ausgerechnet Bären als Markenzeichen ausgesucht?

a) *Sie hieß „Zum Bären".*
b) *Im 18. Jahrhundert gab es im Schwarzwald noch Bären. Der Besitzer der Brauerei hatte selbst einen erlegt und wollte das durch das Anbringen der Bären aller Welt kundtun.*
c) *Der Gründer der Firma hieß „Bär".*

Tipp: Achtet mal auf typische Namen von deutschen Restaurants und Gaststätten.

Villingen-Schwenningen

Magdalenenberg
Von Grabräubern und Goldschätzen

Geheimnis 45

In diesem Hügel befand sich einst ein echter Schatz!

Es ist finstere Nacht. Kein Stern steht am Himmel, auch der Mond scheint nicht. Keuchend steigen drei Räuber den Hügel hinauf. Den Tag über haben sie geschlafen und Kräfte gesammelt für die Nacht. Graben wollen sie, wie schon in den letzten Nächten. Was sie vorhaben, ist das, was man Jahrtausende später einen „großartigen Coup" nennen wird: Sie wollen einen riesigen Schatz heben. Der Schatz gehört einem Toten, einem ranghohen Fürsten, der 40 Jahre zuvor, um 600 v.Chr., starb. Der Hügel, auf den sie steigen, ist sein Grab. Und dieser Hügel ist heute noch zu sehen: Er erhebt sich oberhalb Villingens auf einem Höhenrücken.

Was die Räuber in jener dunklen Nacht etwa 560 v.Chr. vorhaben, ist nicht so leicht zu bewältigen: Schließlich haben sie nur Holzschaufeln bei sich, und das Grab, in dem sich die Schätze befinden, liegt unter dem Hügel. Umso erleichterter sind sie, als sie nach mehreren Nächten endlich in die Grabkammer vorstoßen und den Schatz in den Händen halten. Jetzt aber schnell weg! In ihrer Eile vergessen sie ihre Werkzeuge, die Holzschaufeln. Jahrtausende später wird man sie finden.

Jahrtausende später, das ist im Jahr 1890. „Damals wurde der Hügel mit einer Trichtergrabung untersucht", erzählt der Villinger Werner Huger. Dann, es war zwischen 1970 und 1973, gab es eine weitere wissenschaftliche Grabung. „Da hat man neben dem Hauptgrab für den Fürsten 126 weitere Gräber gefunden, davon zehn Doppelgräber. Das zeigt, dass in dem Hügel auch nach dem Tod des Fürsten privilegierte Menschen bestattet wurden – vermutlich über drei Generationen hinweg", sagt Werner Huger.

Als man den Hügel weiter erkundete, fand man 90 dicke Holzbalken, aus denen die mehr als 40 Quadratmeter große Grabkammer für den Fürsten gezimmert worden war. Experten haben aufgrund der Jahresringe im Holz festgestellt, dass die Bäume 616 vor Christus gefällt wurden.

Bei den Untersuchungen fand man auch die Holzspaten, die ebenfalls gründlich begutachtet wurden. „Man vermutet", berichtet der Heimatforscher, „dass sie rund 40 Jahre nach der Errichtung des Grabes angefertigt wurden und dass sie von Grabräubern stammen." Denn ganz sicher ist die Geschichte mit den Räubern nicht. Übrigens lohnt sich ein Besuch im Franziskanermuseum in Villingen: Dort kann die Grabkammer, die sich einst unter dem Hügel befand, besichtigt werden.

Nach der Trichtergrabung von 1890 war das zu diesem Zweck in den Hügel gegrabene Loch nicht wieder aufgefüllt worden. „Als

> **So geht's zum Magdalenenberg:**
>
> Der Magdalenenberg erhebt sich auf dem Höhenrücken des hinteren „Laible", knapp zwei Kilometer südwestlich der Villinger Stadtmitte. Ihr erreicht ihn, wenn ihr vom Warenbachtal aus den Berg hinaufsteigt, oder von der Roggenbachstraße. Am Fuße des Hügels befindet sich auch ein toller Spielplatz! Der Hügel verdankt seinen Namen einer Kapelle, die früher dort stand und der heiligen Magdalena geweiht war.

Buben sind wir in dem Loch herumgerannt", erinnert sich Werner Huger. Beflügelt von dem Wissen, dass im Grab einst verschiedene Relikte gefunden worden waren, habe man sich damals zugeflüstert, dass sich in dem Hügel Gold befinde. „Das ist der Zauber von solchen Orten", sagt der Villinger verträumt. Die Geschichte vom vergrabenen Gold erzählt man sich heute nicht mehr. Und weil der Trichter längst aufgefüllt wurde, spielen dort auch keine kleinen Jungen mehr. Seinen Zauber hat der Ort aber trotzdem nicht verloren. Die Magie all der Mythen und Geschichten, die man sich hier erzählte, ist immer noch zu spüren. Und wer ganz genau hinhört, dem flüstert vielleicht der Geist des hier bestatteten und beraubten Fürsten so manches Geheimnis zu.

Eva-Maria Bast

? Die Grabungen in den 1970er-Jahren wurden von dem Archäologen Konrad Spindler durchgeführt. Konrad Spindler ist sehr berühmt. Warum?

a) Er entdeckte 1922 in Ägypten das Grab von Pharao Tutanchamun.

b) Er erforschte die Ötzi-Mumie aus der Bronzezeit, die 1991 in Südtirol gefunden wurde.

c) Er gehörte zu den Forschern, die 2012 hundert weitere Tonfiguren der chinesischen Terrakotta-Armee ausgruben.

Tipp: Vergleicht die Lebensdaten Konrad Spindlers mit den Grabungsdaten.

Villingen-Schwenningen

Geheimnis
46

Metalltürchen
Mit dem Seilzug den Alarm ausgelöst

Hinter dieser kleinen Tür steckt eine große Geschichte.

Tatütataaaa: Mit Blaulicht und lautem Signalton rast die Feuerwehr durch die Stadt. Die Feuerwehrmänner und -frauen kennen keine Furcht, retten Menschenleben, bekämpfen Brände. Damit ihnen das möglichst gut gelingt, haben sie hervorragende Ausrüstungen: eine Drehleiter, um Menschen auch aus höchster Höhe retten zu können. Atemschutzmasken, um sich bei Bränden vor giftigen Dämpfen zu schützen. Jede Menge Schläuche und Spritzen für eine gute Brandbekämpfung. Und nicht zuletzt einen Piepser, der angeht, wenn es irgendwo brennt, und den die Feuerwehrleute stets bei sich tragen.

Nicht immer war man so gut gegen Feuer geschützt! Und davon kündet eine klitzekleine Metalltür an der Südwand des Münsters. Das Türchen, durch das gerade mal so eine Katze hindurchpassen würde, ist versperrt. Was in aller Welt hat denn eine kleine Metalltür an einer Kirche mit der Feuerwehr zu tun? Franz Kleinbölting, der sich gut in der Villinger Stadtgeschichte auskennt, weiß es ganz genau. „Es handelt sich um ein einstiges Feuertürchen", erzählt er. „Dahinter endete ein Seil, mit dem man die Münsterglocke betätigen konnte." Bemerkte ein Bürger einen Brand, habe er das Türchen geöffnet, am Seil gezogen und die anderen Stadtbewohner damit gewarnt. „Und dann musste der Müller zur Brigach, das ist der Fluss, der durch Villingen fließt, eilen und den Kanal zur Stadt vollständig öffnen, damit das Brigachwasser in die Stadt lief", berichtet Franz Kleinbölting weiter. „Bis etwa 1960 hat man von dieser Möglichkeit, Löschwasser in die Stadt zu bringen, Gebrauch gemacht", weiß der Stadtführer. Anschließend war die Feuerwehr technisch auf einem so guten Stand, dass man auf diese Form der Wasserversorgung nicht mehr zurückgreifen musste.

Das Metalltürchen war also dazu da, dass die Bevölkerung bei einem Brand Alarm schlagen konnte. Was aber, wenn niemand das Feuer bemerkte? Wenn es zum Beispiel im Norden der Stadt brennt, merkt man das im Süden ja nicht gleich. Ein ziemlich unsicheres Warnsystem, sollte man meinen. „Es war auch nur für den Notfall gedacht", sagt Franz Kleinbölting. Wie in den allermeisten Städten gab es auch in Villingen einen Turmwächter. Der lebte auf dem Kirchturm und hatte die Aufgabe, zu alarmieren, wenn es brennt. Doch habe der Turmwächter gerne mal ein Nickerchen gemacht und immer wieder Brände verschlafen. Der Rat der Stadt, das war eine Versammlung aus wichtigen Männern – heute nennt man diese Versammlung Gemeinderat und es sitzen auch Frauen darin – dachte sich etwas aus, damit der Turmwächter seinen Pflichten besser nachkommt: Immer wenn die Kirchturmuhr die volle Stunde geschlagen hatte, musste der Turmwächter eine andere Glocke per Hand anschla-

> **So geht's zum Metalltürchen:**
>
> Das Türchen entdeckt ihr, wenn ihr auf die Südseite des Villinger Münsters geht. Es hängt am Turm unterhalb der Sonnenuhr. Das Münster steht am Münsterplatz – mitten in der Stadt.

gen", erzählt der Villinger. „Das nannte man dann ‚Nachschlagen'." Zwar konnte es zwischen den Stundenschlägen immer noch sein, dass der Wächter ein Schläfchen hielt, aber wenigstens einmal pro Stunde hatte die Bevölkerung Sicherheit. Nachtwächter und schlaflose Bürger kontrollierten das Nachschlagen und erstatteten gegebenenfalls Anzeige. Versäumte der Wächter das Nachschlagen mehr als einmal, wurde er entlassen.

Zur vollen Stunde läutet es in Villingen immer noch doppelt. Das müsste es aus Sicherheitsgründen nicht, denn es gibt ja seit 1866 keinen Turmwächter mehr, der nicht einschlafen darf. Doch die Villinger haben sich so an den doppelten Glockenschlag gewöhnt, dass sie den schönen Brauch beibehalten wollten. Wartet doch einfach mal die volle Stunde ab und lauscht dann dem doppelten Schlag!

Eva-Maria Bast

Teile des Münsters sind einmal bei einem großen Brand zerstört worden. Wann war dieser Brand?

a) 2008 b) 1879 c) 1271

Tipp: Der Brand ereignete sich während der Bauzeit. Der Kirchenbau wurde im romanischen Stil begonnen, nach dem Feuer wurde gotisch weitergebaut. Fragt doch mal eure Eltern, zu welcher Zeit die beiden Baustile am besten passen. Übrigens: Romanische Bauwerke kann man daran erkennen, dass die Bögen von Fenstern und Türen rund sind. Gotische Bögen sind hingegen spitz. Kleine Eselsbrücke: Romanik beginnt wie rund mit einem R.

Villingen-Schwenningen

Steinköpfe
Auch Erwachsene streiten mal!

Geheimnis
47

Der Bäcker (rechts) und seine Frau an der Hausfassade in der Rietstraße.

Bestimmt habt ihr schon mal so richtig doll mit jemandem gestritten? Es gibt ja auch das Sprichwort: „Streit kommt in den besten Familien vor." Das soll heißen, dass es völlig normal ist, wenn man mal eine Meinungsverschiedenheit hat. Wichtig ist, dass man auch während des Streits noch fair zum anderen ist und ihn nicht beleidigt oder schlimme Dinge tut. Hält man diese Regeln ein, verträgt man sich am Ende meistens auch wieder.

Wahrscheinlich habt ihr sogar schon einmal mitbekommen, dass sich Erwachsene streiten. Leider ist es nicht immer so, dass sie sich danach wieder vertragen. In Villingen gab es Anfang des 20. Jahrhunderts einen Bürgermeister und einen Bäcker, die sich ganz furchtbar gestritten und nie wieder versöhnt haben. Und von diesem Streit gibt es heute noch etwas zu sehen. Dabei handelt es sich allerdings nicht etwa um zerschlagenes Porzellan oder ähnliches, was einer der Herren in seiner Wut zertrümmert hätte. Vielmehr ist es ein sehr hübsch anzusehender Fassadenschmuck an einem Haus in der Innenstadt: Es sind zwei Köpfe, der von einem Mann und der von einer Frau.

Stadtführer Franz Kleinbölting hat sie eines Tages entdeckt und die Geschichte von den beiden streitenden Herren herausgefunden. Der Bürgermeister, er hieß übrigens Heinrich Osiander, konnte den Bäcker so wenig leiden, dass er ihn gar nicht mehr sehen mochte. Dummerweise wohnte der Bäcker aber genau gegenüber. „Immer, wenn der Bürgermeister aus dem Haus gehen wollte und den Bäcker erblickte, hat er die Tür wieder zugemacht und ist zur Hintertüre rausgegangen", erzählt Franz Kleinbölting. Und da hat sich der Bäckermeister etwas ausgedacht, womit er den Bürgermeister ärgern könnte: Er ließ sein Gesicht und das seiner Frau in Stein nachbilden und diesen Figurenschmuck an der Außenwand seines Hauses anbringen. Der arme Bürgermeister konnte sein Haus fortan nicht mehr durch die Vordertüre verlassen, wenn er den Bäckermeister – nun in Steinform – nicht sehen wollte.

Das Haus ist mit seinem Fassadenschmuck hübsch anzusehen.

Inzwischen sind natürlich sowohl der Bürgermeister als auch der Bäcker schon lange tot. Insofern kann man heute über die Geschichte schmunzeln. Letztendlich hat sich der Bäckermeister bestimmt keinen Gefallen getan, denn es ist ja nicht schön, wenn sich jemand anderes so darüber ärgert, einen zu sehen, dass er die Tür wieder zumacht. Da wäre es bestimmt besser gewesen, wenn der Bäcker dem Bürgermeister einen Korb voller süßer Backwaren gebracht und vorgeschlagen hätte, dass man sich doch wieder vertragen soll. Und ganz leise hätte er dann sogar triumphieren können. Denn auch für diese Art der Streitbeilegung gibt es einen Spruch, und der heißt: „Der Klügere gibt nach." Probiert es beim nächsten Streit doch einfach mal aus!

So geht's zu den Steinköpfen:

Die steinernen Köpfe vom Bäckermeister und seiner Frau befinden sich in der Villinger Innenstadt an der Fassade des Hauses Rietstraße 38. Die beiden Gesichter sitzen rechts und links an den oberen Ecken des mittleren Fensters im ersten Obergeschoss.

Eva-Maria Bast

Wenn ihr euch das Haus genauer anschaut, seht ihr, dass an der Fassade noch ganz viele Köpfe angebracht sind. Um wen handelt es sich bei den Abbildungen?

a) **Um die Kinder des Bäckers. Die konnte der Bürgermeister auch nicht leiden.**
b) **Die Köpfe sollen die Jahreszeiten „Frühling, Sommer, Herbst und Winter" darstellen.**
c) **Um alle Bürger der Stadt, die der Bürgermeister ebenfalls nicht leiden konnte.**

Uhren
Mal rot, mal grün, mal blau

Die grüne Uhr am Oberen Tor.

Heike Thissen ist eine echte Geheimnissucherin. Sie sucht Geheimnisse wie andere Menschen Schätze. Und wenn sie ein Geheimnis findet, dann freut sie sich auch so, wie andere Menschen sich freuen, wenn sie einen Schatz entdecken. Geheimnissucher zu sein, macht ungefähr genauso viel Spaß, wie Sachensucher zu sein. Was ein Sachensucher ist, wisst ihr bestimmt, oder? Wenn nicht, dann müsst ihr unbedingt mal Pippi Langstrumpf lesen! Da steht das nämlich drin.

Jedenfalls hat Heike Thissen schon viele solcher Geheimnisse gesammelt, sie aufgeschrieben und Bücher daraus gemacht – allerdings sind diese Bücher für Erwachsene und nicht für Kinder. Auch in Villingen ist die Journalistin vor einigen Jahren auf Geheimnissuche gegangen. Damit sie nicht zu spät zu den Terminen mit den Menschen kommt, die ihr Geheimnisse verraten könnten, hat sie immer mal wieder auf die Uhr gesehen. Und weil sie nie eine Armbanduhr trägt, fand sie es durchaus praktisch, dass es in der

Villinger Innenstadt so viele Uhren gibt, an denen man ablesen kann, wie spät es ist: an den drei noch erhaltenen Stadttoren zum Beispiel. Und wie sie da so nach der Uhrzeit sah, entdeckte sie doch tatsächlich ein Geheimnis: Sie stellte fest, dass die eine Uhr ein blaues Ziffernblatt hat, die andere ein rotes und wieder eine andere ein grünes.

Sie begann zu recherchieren und stieß auf eine kuriose Geschichte, die in den 1950er-Jahren beginnt: Damals waren die Uhren an den drei Villinger Toren, dem Oberen Tor, dem Bickentor und dem Riettor, in einem schlechten Zustand. „Der Stadtrat hat dann beschlossen, zunächst für das Bickentor zwei neue Uhren anzuschaffen", erzählt die Journalistin. Aber eine Uhr für ein Tor kauft man nicht einfach so. Da kann man nicht, als ob man eine Armbanduhr kauft, in ein Uhrengeschäft spazieren und sagen: „Ich hätte gern eine Uhr für ein Tor." Nein, so eine Uhr ist eine aufwändige Sache und man muss vieles bedenken. Zum Beispiel auch die Frage, ob die Menschen, die unten auf der Straße nach der Uhrzeit sehen, diese überhaupt ablesen können. Denn schließlich hängt die Uhr hoch oben. Zunächst musste also ein Probeziffernblatt her. Das Probeziffernblatt, das geliefert wurde, hatte römische Ziffern, also I, II, III... Die Uhren an den anderen beiden Türmen hatten jedoch arabische, also 1, 2, 3...

> **So geht's zu den bunten Uhren:**
>
> Die roten Uhren am Bickentor entdeckt ihr am Ende der Bickenstraße. Die grüne Uhr ziert das Obere Tor am Ende der Oberen Straße. Die blauen Uhren des Riettores sind am Ende der Rietstraße in Richtung Benediktinerring zu sehen.

Die rote Uhr am Bickentor.

Und manch ein Stadtrat wünschte sich wegen der Einheitlichkeit, dass auch die Ziffern am Bickentor arabische sein sollten. Also musste das Stadtbauamt ein zweites Musterziffernblatt für das Bickentor in Auftrag geben, dieses Mal mit arabischen Ziffern. Ob man es glaubt oder nicht: Nach langen Diskussionen einigten sich die Mitglieder des Stadtrats dann auf römische. Und die Ziffernblätter sollten ziegelrot werden, was sich hinter den goldenen Zeigern hübsch ausmachen würde. Und so geschah es dann auch: Das Bickentor bekam zwei wunderschöne Uhren mit goldenen Zeigern, römischen Ziffern und einem ziegelroten Ziffernblatt, und alle freuten sich darüber.

Die blaue Uhr am Riettor.

Nun sollte aber auch das Obere Tor eine neue Uhr bekommen. Wie diese auszusehen hätten, war schnell beschlossen: „Die Zahlen und Zeiger sollen vergoldet werden und sich dadurch gegen einen dunkel gehaltenen Untergrund hell abheben. Das innere runde Feld soll grün werden", schrieb das Stadtbauamt im Dezember 1950 an das Bürgermeisteramt. Damit war Stadtrat Heuft gar nicht einverstanden: „Seine Fraktion könne sich aber mit dem grünen Untergrund für die Uhr nicht anfreunden, sie würde eine solche Farbenschachtel ablehnen", ist in der Niederschrift über die öffentliche Sitzung des Gremiums am 12. Juli 1951 zu lesen. Stadtrat Raach argumentierte mit dem einheitlichen Bild an den Türmen und lehnte die grüne Farbe ebenfalls ab. Der Beigeordnete Liebermann dagegen war der Meinung, „dass auch der vorgesehene grüne Untergrund für die Uhr genauso schön wirken würde". Also beschloss man, dass der gleiche Untergrund wie beim Bickentor verwendet werden solle: Rot. Doch wenig später prangte die neue Uhr in sattem Grün am Turm. Was war geschehen?

„Das Villinger Stadtbauamt hatte nicht getan, was der Stadtrat wollte, und das Ziffernblatt einfach grün gemacht", erzählt Heike Thissen. Der Stadtrat war mächtig sauer, akzeptierte das grüne Ziffernblatt letztendlich aber doch.

Wie das Riettor schließlich zu seinen blauen Uhren kam? Der SÜDKURIER schrieb: „Nachdem das Bickentor eine rote und das Obere Tor eine grüne Uhr erhalten haben, soll das Riettor nunmehr eine blaue bekommen. Diesmal diskutierte der Stadtrat nicht annähernd so lang über die Farbe wie bei den anderen Toren, sondern war aufgrund der vorgelegten Musterzeichnungen rasch entschlossen."

Und deshalb ist es in Villingen eine so farbenfrohe Angelegenheit, auf die Uhr zu schauen!

Eva-Maria Bast

? Warum wurden Villingen und Schwenningen zusammengelegt?

a) Als die Großherzogin von Villingen den Großherzog von Schwenningen heiratete, entstand die Doppelstadt.

● **b)** In den 1970er-Jahren gab es in ganz Baden-Württemberg Gebietsreformen. Villingen und Schwenningen wurden zusammengelegt.

c) Villingen und Schwenningen wurden nach dem Zweiten Weltkrieg zusammengeschlossen, als die Gebiete neu geordnet wurden.

Tipp: Fragt doch mal im Rathaus nach, seit wie vielen Jahre Villingen-Schwenningen eine Doppelstadt ist!

Geheimnis **49**

Waldshuter Männle
Ein Beutelchen sorgt für Verwirrung

Das Waldshuter Männle – in Hotzenwälder Tracht und mit Geldbeutel.

Wir schreiben das Jahr 1273 nach Christus. Im Süden des Schwarzwalds, da wo die Aare in den Rhein mündet, gibt es seit einigen Jahren einen kleinen Ort ohne Namen. Immer mehr Menschen aus den tiefen Tälern des Hotzenwaldes ziehen dort hin, suchen Arbeit und ein Zuhause. Die Ratsherren beschließen, eine Stadt zu gründen. Aber eine Stadt ohne Namen – das geht nicht! Sie setzen eine Belohnung aus für denjenigen, der eine passende Bezeichnung findet. Alle wollen das Geld haben, aber keiner hat eine Idee. Nun wissen die Stadtgründer auch nicht mehr weiter.

Doch auf einmal geht die Tür zum Ratszimmer auf und ein kleines, sehr altes, runzeliges Männlein kommt herein. Es trägt einen großkrempigen Hut und stützt sich schwer auf einen Stock. Schnell nimmt es seinen Hut ab und sagt laut: „Ich streich das Geld in meinen Hut – die Stadt soll heißen Waldeshut!" Die Stadtherren sind begeistert, das Männlein bekommt das Geld und verschwindet rasch wieder. Seither heißt die kleine Stadt am südlichen Rande des Schwarzwalds Waldshut, die Schützerin und Hüterin des Waldes.

Wenn man der Sage vom Waldshuter Männle glaubt, könnte sich das genauso zugetragen haben. Das runzelige Männlein ist auch heute noch an einigen Stellen in der Altstadt zu bewundern.

Zum Beispiel am Schaffhauser Tor, das auch Oberes Tor genannt wird. Dort seht ihr eine schöne Malerei, die 1964/1965 nach einem Entwurf des Waldshuter Zeichenlehrers Fritz Sander entstanden ist. Das Männle am Tor trägt die typische Tracht des Hotzenwälders: schwarze Schuhe, weiße Kniestrümpfe, eine schwarze, knielange Hose und einen Mantel mit weißem Kragen. Auf dem Kopf hat es den großen, dunklen Hut. Und seht ihr, was es in den Händen hält? Rechts greift der alte Wälder den Stock, der auch in der Sage erwähnt wird. Doch was hat er in seiner linken Hand? Sieht aus wie ein Geldbeutel! Das Männle hatte doch gar keinen Geldbeutel, sondern das Geld in seinen Hut geworfen. Hat sich der Maler den einfach hinzugedacht? Geht mal die Kaiserstraße ein Stück entlang, dann gelangt ihr zum Rathausportal. Auf dem seht ihr ein Wappen mit dem Waldshuter Männle aus dem 18. Jahrhundert. Und tatsächlich: Auf dieser Abbildung hält das Wahrzeichen der Stadt noch keinen Geldbeutel in der Hand, sondern nur den Stock. Außerdem trägt es auch andere Kleidung und keine Hotzenwälder Tracht.

Warum gibt es so unterschiedliche Darstellungen von ein und derselben Szene?

„Die Zeichnung von Fritz Sander stützt sich auf sehr populäre Bilder des Künstlers Adolf Hildenbrand (1881–1944)", erklärt der Waldshuter Stadtarchivar Ingo Donnhauser. Und Hildenbrand

Das Schaffhauser Tor.

bildete das Männlein auf seinen Holzschnitten in Hotzentracht und mit einem Kelch und einer Pfeife ab. Anstelle des Kelches und der Pfeife, von denen in der Sage auch nicht die Rede ist, sollte Sander aber einen Geldbeutel einbringen. „Im Gemeinderat gab es damals eine große Diskussion um das richtige Männle, da Teile der Bevölkerung das Männle in mittelalterlicher Kleidung, wie man es auf den Stadtsiegeln sieht, bevorzugt hätten", sagt Ingo Donnhauser. Die Abweichungen waren wohl lediglich ein Kompromiss. Die Vereinigung Alt-Waldshut, ein Heimatverein, ist der Sache auch noch mal nachgegangen. „Man nimmt an, dass sich der Geldbeutel aus der Hutschlaufe des Waldshuter Männle im Stadtwappen entwickelt hat", sagt Margret Teufel, Vorstand der Vereinigung Alt-Waldshut. Dort hält das Männle nämlich die Schnüre seines großen Hutes in der Hand. Die Alt-Waldshuter gehen davon aus, dass aus dieser Gebärde irgendwann einfach ein Geldbeutel wurde.

Ob mit oder ohne Geldbeutel – die Waldshuter lieben ihr Männle. Und sie feiern es einmal im Jahr auf der Chilbi, dem großen Volksfest in Waldshut. Da kommt der kleine Kerl dann kurz nach Maria Himmelfahrt aus seinem Wald in die Stadt und führt den Kinderumzug an. Und zwar ganz ohne Geldbeutel in der Hand.

Sabine Wienrich

> **So geht's zum Waldshuter Männle:**
>
> Die Zeichnung befindet sich auf dem Schaffhauser Tor am oberen Ende der Kaiserstraße.

Woraus besteht der sogenannte Chilbibatze, den das Waldshuter Männle nach dem Kinderumzug an alle Kinder verteilt?

a) einer Bratwurst b) Gummibärchen c) Taschengeld

Tipp: Dafür braucht ihr aber ein Beutelchen!

Wolfach

Bettelmännle
Blanker Hintern für die Bürger der Stadt

Geheimnis **50**

Eine Kopie des Bettelmännles befindet sich in der Mauer vor dem Finanzamt.

Vielleicht habt ihr eure Eltern schon einmal den Satz sagen hören: „Vor denen muss man sich bis auf die Unterhose ausziehen." Gemeint ist damit nicht, dass tatsächlich jemand seine Kleider ablegt. Diese Redewendung wird meistens dann benutzt, wenn sich die Erwachsenen darüber ärgern, dass sie jemandem etwas ganz genau erklären müssen und finden, dass das diesen Menschen eigentlich überhaupt nichts angeht. Zum Beispiel, wenn es um die jährliche Steuererklärung geht. Da müssen die Erwachsenen dem Staat genau aufschreiben, was sie verdient haben, und vieles, vieles mehr. Es ist eine komplizierte Aufgabe, die den meisten Leuten keinen Spaß macht. Wenn sie sich dann richtig darüber ärgern, fluchen sie manchmal ein bisschen und benutzen dafür auch schon mal den Satz mit der Unterhose.

In dem kleinen Ort Wolfach an der Kinzig soll sich tatsächlich jemand einmal aus lauter Wut ausgezogen haben. Selbst die Unterhose hat er nicht anbehalten! Angeblich hat er den Bürgern der Stadt ganz offen seinen blanken Hintern gezeigt. Daran schuld war nicht das Finanzamt – das gab es zu dieser Zeit noch gar nicht – aber eine Begebenheit, die auch mit Geld zu tun hatte:

> **So geht's zum Bettelmännle:**
>
> Das Bettelmännle kann man in der Mauer vor dem Finanzamt entdecken. Dieses befindet sich in der Hauptstraße 55.

Mehr als 800 Jahre soll es nun her sein – das schätzen zumindest diejenigen, die sich mit der Geschichte des Orts auskennen – als ein hutzeliges Männlein in die Stadt kam. Es trug nichts als ein Hemd und war sehr arm: Es besaß rein gar nichts. Um den kalten Winter zu überleben, wanderte es von Stadt zu Stadt und bat die Bürger um ein bisschen Geld, Nahrung oder ein paar Kleider. Auch in Wolfach versuchte es sein Glück – jedoch vergebens. Zumindest nahezu. Die Bürger sollen dem armen Mann so wenig gegeben haben, dass er sich erzürnt zurück auf den Weg zum Stadttor machte. Doch der Ärger scheint so in dem Bettler gebrodelt zu haben, dass er den Wolfachern noch zeigen wollte, was er von ihnen hielt. Unter dem Stadttor hielt er an, legte sich auf den Boden, hob sein Hemd und zeigte den Städtern seinen nackten Hintern.

Was danach genau geschah, weiß man heute nicht mehr. Aber es wird erzählt, der Freiherr von Wolfach sei über diesen Vorfall gar nicht glücklich gewesen. Wobei sein Ärger weniger dem armen Mann als mehr den knauserigen Einwohnern galt. Damit so etwas nicht noch einmal passieren würde, soll er eine Figur in Auftrag gegeben haben, auf der ein Bettler seinen bloßen Hintern zeigt. Dieses Bettelmännle ließ er so im Gewölbe des Stadttors anbringen, dass der nackte Po stets in Richtung Stadt und Bürger zeigte – als Ermahnung, damit die Wolfacher nicht noch einmal so geizig sein sollten.

Viele, viele Jahre vergingen. In dieser Zeit versuchte mancher Historiker, das sind die Menschen, die die Vergangenheit erforschen, herauszufinden, ob die Geschichte, die man über das Bettelmännle erzählt, auch tatsächlich wahr ist. Kurz gesagt: Sie fanden es nicht heraus. Manche glauben, dass die Figur hergestellt wurde, um Feinde abzuschrecken, dann hätte der blanke Hintern stadtauswärts zeigen sollen. Aber geeinigt haben sich die Wissenschaftler bis heute nicht. Welche Behauptung wirklich stimmt, weiß wohl nur das steinerne Männlein.

Die Geschichte des Bettelmännles ist aber noch nicht zu Ende: 1970, als es schon lang keinen Fürsten mehr in Wolfach gab und statt Pferdekutschen Autos durch den Ort fuhren, wurde das Stadttor umgebaut. Die kleine Figur mit dem nackten Popo wurde aus dem Gewölbe im Tor entfernt und ins Museum gebracht. Dort könnt ihr sie sehen. Zusätzlich ließ die Stadt vom Original eine Kopie aus Bronze anfertigen. Und jetzt ratet mal, wo die – angeblich ohne jeden Hintergedanken – eingemauert wurde? Richtig: ganz nah am Eingangsportal des Finanzamts! Dem Ort, an dem die Wolfacher ihre Steuererklärung abgeben und wo darüber entschieden wird, ob sie dem Staat vielleicht noch mehr Geld bezahlen müssen, als sie es bisher schon getan haben. Der nackte Hintern zeigt in die Richtung des Eingangs. Ein Schelm, wer Böses dabei denkt …

Manuela Klaas

Aus welchem Material wurde das erste Bettelmännle gemacht?

a) Sandstein b) Holz c) Plastik

Tipp: Fragt am besten mal im Museum nach.

Die Autorinnen

Eva-Maria Bast hat als vierfache Mutter viel Übung im Beantworten von neugierigen Kinderfragen. Und sie hat auch schon viele rätselhafte Relikte entdeckt und sich gefragt: Was ist das eigentlich? Welche Geschichte steckt dahinter? Gemeinsam mit Ihren Co-Autoren hat Eva-Maria Bast bis Ende des Jahres 2015 genau 1100 Geheimnisse in ganz Deutschland gelüftet. Und sie will immer weitermachen, denn Geheimnisse lüften, sagt sie, macht mächtig Spaß! Wenn sie gerade keine Geheimnisse aufdeckt, schreibt sie Romane, arbeitet als Journalistin für den SÜDKURIER oder als Gastdozentin an der Hochschule der Medien. Eva-Maria Bast lebt in Überlingen.

Manuela Klaas findet nichts spannender, als verborgene Dinge aufzuspüren. Ein wenig bedauert die dreifache Mutter, dass ihre eigenen Kinder diesem Forscherdrang längst entwachsen sind. Sie kann sich aber noch gut an die Zeit erinnern, in der sie mit ihnen gemeinsam auf Spurensuche ging. Denn nichts ist so aufregend wie ein echtes Geheimnis! So ein Geheimnis bis ins kleinste Detail hinein zu erkunden und aufzuschreiben, hat ihr riesigen Spaß gemacht. Wenn sie gerade nicht auf Spurensuche ist, schreibt sie für den SÜDKURIER. Manuela Klaas lebt in Daisendorf am Bodensee.

Sabine Wienrich hat sich für ihre ersten Geheimnissuchen gleich zwei Paar Gummistiefel gekauft. Als waschechte Schwarzwälderin dachte sie eigentlich, ihre Heimat gut zu kennen. Und dann war sie doch sehr erstaunt, welche geheimen Orte es dort noch zu entdecken gibt. Dabei kraxelte sie durch den Tiefschnee auf den Feldberg, machte mit einer Kuhherde in St. Georgen Bekanntschaft und fiel in Tiengen beinahe in die Wutach. Die Gummistiefel haben sich also gelohnt! Sabine Wienrich lebt mit zwei kleinen Töchtern und Mann in Konstanz am Bodensee und arbeitet als Redakteurin beim SÜDKURIER.

Danksagung

Geheimnisse sind ständig einer Gefahr ausgeliefert. Der Gefahr, vergessen zu werden. Ohne Menschen, die ihr Wissen zum rechten Zeitpunkt weitergeben, würden enorme Schätze für immer verloren gehen. Wir danken all jenen, die ihr Wissen mit uns geteilt und sich viel Zeit genommen haben, um uns auf unserer Spurensuche zu begleiten. Das sind:

Hannes Bareiss, Gaby Baur, Wolfgang Bocks, Karl Braun, Verena Braun, Rolf Breisacher, Ingo Donnhauser, Lore Eccarius, Alfons Egelhof, Dr. Bernhard Everke, Peter Gapp, Tobias Gebler, Andreas Gerber, Katrin Glauner, Dr. Jürgen Glocker, Frieder Haser, Siegfried Heinzmann, Hartmut Heise, Werner Huger, Walter Hilf, Günter Hoffmann, Karl-Heinz Hornberger, Reinhard Janus, Georg Jehle, Jürgen Kauth, Franz Kleinbölting, Dora Luise und Ernst Klumpp, Susanna Kurz, Alois Krafczyk, Roland Kroell, Hendrik Leonhardt, Horst Letzin, Dr. Manfred Martin, Dr. Andreas Morgenstern, Fritz Möbius, Bernd Möller, Daniel Ochsenreiter, Monika Olheide, Wolfgang Reiter, Martin Rosenfelder, Claus-Dieter Schäfer, Otto Schrempp, Ingrid Schwerdt, Staatliche Schlösser und Gärten, Klosterverwaltung Maulbronn, Susanne Suchy, Margret Teufel, Heike Thissen, Harald Weber, Hermann Weber, Ulrich Weissert, Stefan Zizelmann.

Lösungen der Rätselfragen

Geheimnis 01: **b)** *Geheimnis 02:* **c)** *Geheimnis 03:* **c)**

Geheimnis 04: **c)** *Geheimnis 05:* **a)** *Geheimnis 06:* **c)**

Geheimnis 07: **a)** *Geheimnis 08:* **c)** *Geheimnis 09:* **b)**

Geheimnis 10: **b)** *Geheimnis 11:* **a)** *Geheimnis 12:* **b)**

Geheimnis 13: **a)** *Geheimnis 14:* **c)** *Geheimnis 15:* **b)**

Geheimnis 16: **b)** *Geheimnis 17:* **c)** *Geheimnis 18:* **b)**

Geheimnis 19: **b)** *Geheimnis 20:* **b)** *Geheimnis 21:* **a)**

Geheimnis 22: **a)** *Geheimnis 23:* **b)** *Geheimnis 24:* **c)**

Geheimnis 25: **b)** *Geheimnis 26:* **c)** *(inklusive Katze)*

Geheimnis 27: **a)** *Geheimnis 28:* **b)** *Geheimnis 29:* **c)**

Geheimnis 30: **c)** *Geheimnis 31:* **c)** *Geheimnis 32:* **a)**

Geheimnis 33: **c)**

Geheimnis 34: **b)** *Im 16. Jahrhundert brannte Schiltach insgesamt dreimal ab: 1510, 1533 und 1590.*

Geheimnis 35: **b)** *Geheimnis 36:* **c)** *Geheimnis 37:* **b)**

Geheimnis 38: **c)** *Geheimnis 39:* **b)** *Geheimnis 40:* **b)**

Geheimnis 41: **a)** *Geheimnis 42:* **c)**

Geheimnis 43: **alles stimmt!**

Geheimnis 44: **a)** *Geheimnis 45:* **b)** *Geheimnis 46:* **c)**

Geheimnis 47: **b)** *Geheimnis 48:* **b)** *Geheimnis 49:* **c)**

Geheimnis 50: **a)**

Literatur, Quellen und Fotos

Alpirsbach
„Abt mit Kröte" (Foto) Susanne Suchy, S. 12

Evangelische Kirchengemeinde Alpirsbach, Orgelbauverein Alpirsbach:
Orgel-Skulptur der Klosterkirche Alpirsbach, Festschrift. Alpirsbach 2008, S. 21.

Failing, Jutta:
Frosch und Kröte als Symbolgestalten in der kirchlichen Kunst. URL: http://geb.uni-giessen.de/geb/volltexte/2003/1346/. Stand: 7.6. 2015.

Landesdenkmalmalt Baden-Württemberg:
Alpirsbach – zur Geschichte von Kloster und Stadt, Textband 1. Stuttgart 2001, S. 561 f.

Musik-Lexikon:
Orgel – Die Königin der Instrumente. URL: www.br-online.de/kinder/fragen-verstehen/musiklexikon/2009/02715/. Stand: 13.7. 2014.

Traub, Walter:
Bekannte und unbekannte Zeugnisse Alpirsbacher Vergangenheit. Alpirsbach 1978, S. 25 f.

Verein für Heimatgeschichte Alpirsbach:
Ein Lesebuch mit Geschichten aus Alpirsbach, Bd. 2. Alpirsbach 2003, S. 37 f.

Bad Dürrheim
Arff-Schenk, Sigrun:
Kurstadt erinnert an den Besuch von Sophie Scholl. URL: http://www.suedkurier.de/region/schwarzwald-baar-heuberg/bad-duerrheim/Kurstadt-erinnert-an-den-Besuch-von-Sophie-Scholl;art372507,4790021.
Stand 4.4. 2015.

Kauth, Jürgen:
Geschichtstafel Bad Dürrheim. Geschichts- und Heimatverein Bad Dürrheim.
Bad Dürrheim, Stand März 2015.

Kauth, Jürgen:
„Rund um den Salinensee." In: De' Sensedengler. Mitteilungen Geschichts- und Heimatverein Bad Dürrheim, Juni 2014.

Kauth, Jürgen:
Hier arbeitete Sophie Scholl. URL: http://www.suedkurier.de/region/schwarzwald-baar-heuberg/bad-duerrheim/Hier-arbeitete-Sophie-Scholl;art372507,4870184. Stand 4.4. 2015.

Schwarzmaier, Hans-Martin (Hrsg.):
Handbuch der baden-württembergischen Geschichte. Vom Ende des Alten Reiches bis zum Ende der Monarchien, Band 3. Stuttgart 1992.

Bad Säckingen
Braun, Karl:
Der Bergsee. Fotografie, Kunst, Geschichte, Ökologie. Eggingen 1999.

DPA:
Schweiz entfernt Hunderte Kilogramm TNT aus Säckinger Brücke, URL: http://www.spiegel.de/panorama/schweiz-entfernt-hunderte-kilogramm-tnt-aus-saeckinger-bruecke-a-1003265.html. Stand 26.4. 2015.

Schlaich, Jörg; Schüller, Matthias:
Ingenieurbauführer Baden-Württemberg. Berlin 1999, S.31.

SÜDKURIER:
Schweiz entfernt letzten Sprengstoff aus Brücken im Hochrhein, URL: http://www.suedkurier.de/region/hochrhein/bad-saeckingen/Schweiz-entfernt-letzten-Sprengstoff-aus-Bruecken-am-Hochrhein;art372588,7410713, Stand 26.4. 2015.

Stöver, Bernd:
Der Kalte Krieg. München 2012, S. 7–13.

Weiss, Marco:
„Gedenkstein gibt Rätsel auf."
In: SÜDKURIER Ausgabe Bad Säckingen, 8.1. 2013.

Weiss, Marco:
„Nachfahre hilft weiter."
In: SÜDKURIER Ausgabe Bad Säckingen, 18.1. 2013.

Baiersbronn
Heimat- und Kulturverein der Gesamtgemeinde Baiersbronn:
Flyer „Hauffs Märchenmuseum".
Baiersbronn 1998.

Huth, Silvia:
Wie der Schwarzwald erfunden wurde.
3. Auflage, Tübingen 2015, S. 83.

Wissens-Lexikon:
Sprachen – Wie viele gibt es? URL: www.br-online.de/kinder/fragen-verstehen/wissen/2005/00886/. Stand: 21.5. 2014.

Blasiwald-Eisenbreche
Kroell, Roland:
„Der Wilderer Lochheiri." In: Magische Orte, Sagen und Legenden. Wandern im Hochschwarzwald. Laufenburg 2009.

Kroell, Roland; Lehner, Thomas: Lochheiri – ein Hörspiel: http://www.roland-kroell.de/lochheiri-1.html. Stand 21.3. 2015.

Blumberg

Interessengemeinschaft zur Erhaltung der Museumsbahn Wutachtal e.V.:
Die Museumsbahn Wutachtal. Bonn 2002.

SÜDKURIER:
Mopsfledermaus macht Blumbergern das Leben schwer. URL: http://www.suedkurier.de/region/schwarzwald-baar-heuberg/blumberg/Mopsfledermaus-macht-Blumberger-Sauschwaenzlebahn-das-Leben-schwer;art372508,7763082. Stand 9.4. 2015.

Prillwitz, Bernhard; Reimer, Dietrich:
Die Sauschwänzlebahn im südlichen Schwarzwald. Erfurt 2010.

Bonndorf

Amt für Kultur, Archivwesen und Öffentlichkeitsarbeit des Landratsamtes Waldshut-Tiengen.

Landesamt für Denkmalpflege im Regierungspräsidium Stuttgart.

Donaueschingen

Fürstlich Fürstenbergisches Archiv Donaueschingen.

Humbert, Moritz:
„Marie Antoinettes Aufenthalt in Donaueschingen auf ihrer Brautfahrt von Wien nach Paris."
In: Die Heimat: Blätter für Baar und Schwarzwald. Beilage zum Donauboten.
Nr. 13/1932 zum 9. Juli.

Moch, Franz:
„Garnisonsstadt seit über 75 Jahren." In: Donaueschingen – eine quicklebendige Stadt im Jubiläumsjahr. Donaueschingen 1989, S. 52 ff.

Feldberg

Böhler, Werner; Janus, Reinhard:
Todtnau – die Wiege des deutschen Skisports. URL: http://www.skiclub-todtnau.de/index.php?site=content&freicontent=geschichte&menue=geschichte. Stand 26.2.2015.

Hoppenhaus, Kerstin:
Wintersport im Schwarzwald. URL: https://www.planet-wissen.de/laender_leute/mittelgebirge/schwarzwald/wintersport_im_schwarzwald.jsp. Stand 18.2. 2015.

Regio-Magazin:
„Vom Winter am Feldberg" – ein Gespräch mit Heidi Knoblich. Freiburg, Februar 2015, S. 17–21.

Freiburg

„Brezelfenster" (Foto) Erzbischöfliches Ordinariat Freiburg i. Br., Bildarchiv, Peter Trenkle, S. 71.

„Drache" (Foto) Daniel Ochsenreiter, S. 69

Aichele, Hermann:
Bäckerhandwerk im Mittelalter – Spuren in Freiburg. http://www.frsw.de/alteshandwerk1.htm. Stand 10.12. 2008.

Back dir deine Zukunft. URL: http://www.back-dir-deine-zukunft.de/was-geht/news/die-geschichte-der-brezel/. Stand 18.6. 2015.

Badische Zeitung:
125 Jahre Freiburger Münsterbauverein, Beilage. 13.5.2015, S.32.

Ball, Hugo:
Berthold Schwarz, der Erfinder des Schießpulvers. URL: http://www.textlog.de/hugo-ball-berthold-schwarz-erfinder-schiesspulver.html. Stand 2.5. 2008.

Der Brez'n-Bäcker. URL: http://www.brezel-baecker.de/brezelgeschichte#buchtip. Stand 18.6. 2015.

Freiburg-Dreisamtal.de:
Bächle in Freiburg. URL: http://www.frsw.de/littenweiler/baechle.htm. Stand 10.11. 2012.

Kalchthaler, Peter:
„Sester, Elle, Weck und Zuber. Normmaße und Marktinschriften am Freiburger Münster." In: Freiburger Münsterbauverein (Hrsg.): Das Freiburger Münster. Regensburg 2011, S. 39 f.

Kinderzeitmaschine:
Messen mit Körperteilen. URL: http://www.kinderzeitmaschine.de/mittelalter/lucys-wissensbox/kategorie/land-und-landwirtschaft-wie-misst-man-mit-einer-elle-und-wie-gross-war-ein-morgen/frage/messen-mit-koerperteilen.html?ut1=9&ht=4. Stand 11.6. 2015.

Menschen: Der Bächleputzer. URL: http://fudder.de/artikel/2008/11/17/der-baechleputzer/. Stand 1.6. 2015.

Schmid Noerr, Friedrich A.:
Das Freiburger Drachenzahnweh. Lahr 1996.

Welt der Physik:
Das Internationale Einheitensystem.
URL: http://www.weltderphysik.de/thema/einheiten/. Stand 11.6. 2015.

Wikipedia:
Geschichte von Gewichten und Maßen. URL: https://de.wikipedia.org/wiki/Geschichte_von_Maßen_und_Gewichten. Stand 4.4. 2015.

Wikipedia:
Berthold Schwarz. URL: http://de.wikipedia.org/wiki/Berthold_Schwarz. Stand 28.4. 2015.

Furtwangen
Landesamt für Geologie, Rohstoffe und Bergbau im Regierungspräsidium Freiburg.

Möbius, Fritz:
Die Günterfelsen. URL: http://schwarzwaldnatur.blogspot.de/2010/08/gunterfelsen-bei-furtwangen.html. Stand 21. 1. 2015.

Freudenstadt
„Großvatertanne" (Foto) Georg Jehle, S. 81
„Vermessung mit Spazierstock"
(Foto) Hermann Weber, S. 83

Planet Wissen:
Natur und Technik – Baumrekorde. URL: www.planet-wissen.de/natur_technik/wald/baeume/baumrekorde.jsp. Stand 4.3. 2015.

Friedrichstal
Gänßler, Roland:
Christophstal „Untere Sophia". URL: http://www.christophstal-freudenstadt.de/?id=108. Stand 2012.

Steffler, Bernd:
„,Untere Sophia' taucht wieder auf."
In: Schwarzwälder Bote, 22.3. 1997.

Wikipedia:
Cobalt. URl : http://de.wikipedia.org/wiki/Cobalt. Stand 28.4. 2015.

SWR:
Schwarzwaldgeschichten. Wie Leben in den Wald kam. URL: http://swrmediathek.de/player.htm?show=f35cd910-8caf-11e2-a274-0026b975f2e6. Sendetermin: 26.12. 2014.

Gütenbach
„Balzer Herrgott" (Foto) Rolf Breisacher, S. 91

Fehrenbach, Karl:
„Der Balzer-Herrgott." (Unveröffentlichtes Manuskript)

Sonderabdruck aus:
Mitteilungen des Geschichts- und Heimatvereins Furtwangen, Heft 6/7. Furtwangen 1980, S. 16 ff.

Welt:
Wissen Botanik. URL: http://www.welt.de/wissenschaft/article2961505/Wie-Baeume-sich-Gegenstaende-einverleiben.html. Stand 2.1. 2009.

Haslach
„Brunnen" S. 95, 96, „ Storchentag" S. 100, „Schutzmantelmadonna" S. 97 (Fotos) Susanne Suchy

Hennemann, Laura:
Die Entdeckung des Feuers. URL: www.geo.de/GEOlino/mensch/die-entdeckung-des-feuers-70889.html. Stand 20.2. 2012.

Offenburger Tageblatt vom 4.2. 1982.

Schwarzwälder Bote:
Storchentag ein Fest für Kinder. URL: www.schwarzwaelder-bote.de/inhalt.haslach-i-k-storchentag-ein-fest-fuer-kinder.42dcaf42-359e-4807-91af-3263d5839218. Stand 4.2. 2014.

Schwarzwälder Bote:
Storch gehört zu Hasle. URL: www.schwarzwaelder-bote.de/inhalt.haslach-i-k-storchgehoert-zu-hasle.df21315b-23e9-47f2-bab9-4714eb1f1847. Stand 27.6. 2014.

Königsfeld
Link, Fritz:
Von der historischen Kolonie zum zukunftsfähigen Kurort. URL: http://www.koenigsfeld.de. Stand 18.4. 2015.

Möller, Bernd:
Der Donishof in Königsfeld-Buchenberg. URL: http://www.geschichtsverein-buchenberg.de/archiv/Der%20Donishof.pdf. Stand 18.4. 2015.

Rheinfelden
Arbeitskreis Geschichte des Salmeqq-Vereins Rheinfelden (Hrsg.):
Die Rheinfelder Brücken im Wandel der Zeit. Rheinfelder Geschichtsblätter.
Rheinfelden 1990.

Terra Xpress:
Tückisches St.Anna-Loch.URL: http://www.zdf.de/ZDFmediathek/beitrag/video/2044658/Tuekisches-Sankt-Anna-Loch#/beitrag/video/2044658/Tuekisches-Sankt-Anna-Loch. Stand 11.01. 2015.

Tourismus Rheinfelden:
www.tourismus-rheinfelden.ch. Stand 11.01. 2015.

Rottweil
Brödner, Erika:
Die römischen Thermen und das antike Badewesen. Wissenschaftliche Buchgesellschaft, Darmstadt 1983. Theiss, Stuttgart 1997.

Hörl, Ottmar:
Internetseite. www.ottmarhoerl.de. Stand 4.2. 2015.

Rottweil, Homepage der Stadt:
www.rottweil.de. Stand 4.2. 2015.

Schiltach

„Kilometerstein mit der Kilometrierung 54,2"
(Foto) Dr. Andreas Morgenstern, S. 122
„Kilometerstein mit der Nummerierung 14,7"
S. 121, „Steinrad" S. 124, „Gamber" S. 120
(Fotos) Susanne Suchy

Beyerlein, Gabriele:
Schwarzes Wasser. Stuttgart 2010, S. 327.

N-Bahn Club Ortenau:
Die Kinzigtalbahn/eingleisige Module. URL: http://n-bahn-club.de/index.kinzigtalbahn.html. Stand 21.5. 2015.

Naturpark Schwarzwald:
Holz im Fluss. Schonach 2013, S. 3, 6, 22 f, 64.

Morgenstern, Andreas:
„Nächster Halt: Schiltach!" Schiltach 2013, S. 24, 44, 65.

Schluchsee

Schluchseewerk AG

Wikipedia:
Der Schluchsee, URL: http://de.wikipedia.org/wiki/Schluchsee. Stand 11.4. 2015.

Schwarzwald.com:
Der Schluchsee im Schwarzwald, URL: http://www.schwarzwald.com/landschaft/schluchsee.html. Stand 11.4. 2015.

Schopfheim

„Eichener See" (Foto) Walter Hilf, S. 130

Landratsamt Lörrach, Fachbereich Umwelt:
Der Eichener See – Eine Reise in die Urzeit.
Flyer, Bahlingen/Kaiserstuhl 2012.

St. Georgen

Kaier, Eugen; Lehmann, J.:
Grundzüge der Geschichte, Band 2. 4. Aufl.
Frankfurt 1975, S. 154–161.

Portal der Deutschen Bahn.
URL: www.db-schwarzwaldbahn.de.
Stand 1.12. 2014.

Privates Bahnportal.
URL: www.badische-schwarzwaldbahn.de.
Stand 1.12. 2014.

Rosenfelder, Georg:
„Die St. Wendelins-Kapelle in Oberkirnach." In: Chronik Oberkirnach, Stadt St. Georgen. 2. Aufl. St. Georgen 1987. S. 217–229.

Scherff, Klaus:
Alles über die Schwarzwaldbahn.
Transpress, Stuttgart 2009.

Schwörstadt

Dehn, Rolf:
Der Heidenstein in Schwörstadt, URL: http://www.schwoerstadt.de/index.php?id=23. Stand 4.5. 2015.

Korn, Wolfgang:
Megalithkulturen. Rätselhafte Monumente in der Steinzeit. Stuttgart 2005.

Tiengen

Das Landgericht Klettgau.URL: http://de.wikipedia.org/wiki/Landgericht_Klettgau, Stand 1.5. 2015.

Geschichtsverein Hochrhein

Villingen-Schwenningen

Heinzmann, Siegfried: Schwenningen – Meine Stadt wird hundert. Villingen-Schwenningen 2012.

Huger, Werner; Spindler, K.:
„Der Magdalenenberg bei Villingen im Schwarzwald." In: Geschichts- und Heimatverein Villingen (Hrsg.): Villingen im Wandel der Zeit, Jahresheft XXXIX Villingen-Schwenningen 2006, S. 33–35.

Schwenninger Bären,
URL: http://www.schwenninger-baeren.de/control.php. Stand: 19.9. 2011.

Stadtarchiv Villingen-Schwenningen:
Ratsprotokolle.

Wolfach

„Bettelmännle" (Foto) Susanne Suchy, S. 179

Krausbeck, Josef:
„Das Bettelmännle am Wolfacher Stadttor." In: Die Ortenau: Zeitschrift des Historischen Vereins fur Mittelbaden, 61. Jahresband. Offenburg 1981, S. 306 f.

Haftungsausschluss

Trotz intensiver Gespräche mit unseren Gesprächspartnern, gewissenhafter Literaturrecherche und aufmerksamem Korrekturlesen erheben wir weder einen Anspruch auf Vollständigkeit noch auf Fehlerlosigkeit. Wir haben streng darauf geachtet, keine Urheberrechte zu verletzen, unsere Recherchen sind nach bestem Wissen und Gewissen erfolgt. Dennoch übernehmen wir keinerlei Gewähr für die Aktualität, Korrektheit oder Vollständigkeit der bereitgestellten Informationen. Haftungsansprüche gegen uns schließen wir grundsätzlich aus.

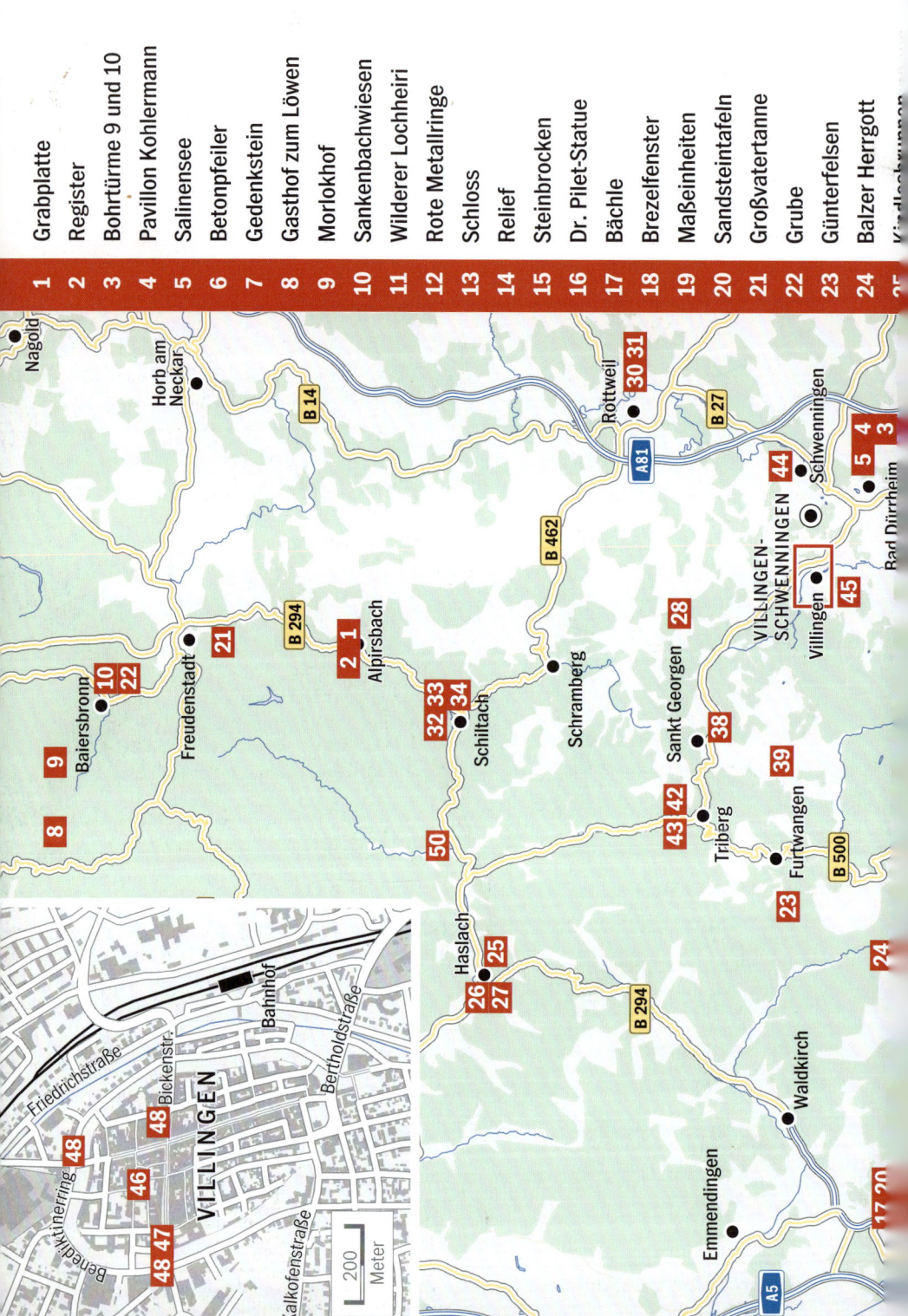

27	28	29	30	31	32	33	34	35	36	37	38	39	40	41	42	43	44	45	46	47	48	49	50
Wandgemälde	Doniswald	St. Anna-Loch	Rottweiler-Statue	Römisches Legionsbad	Gamber	Kilometersteine	Steinrad	Schwimmsperre	Eichener See	Heidenstein	Bahnhof	St. Wendelins-Kapelle	Chindlistein	Titisee	Quelle	Schwarzwälder Kirschtorte	Bärenfamilie	Magdalenenberg	Metalltürchen	Steinköpfe	Uhren	Waldshuter Männle	Bettelmännle

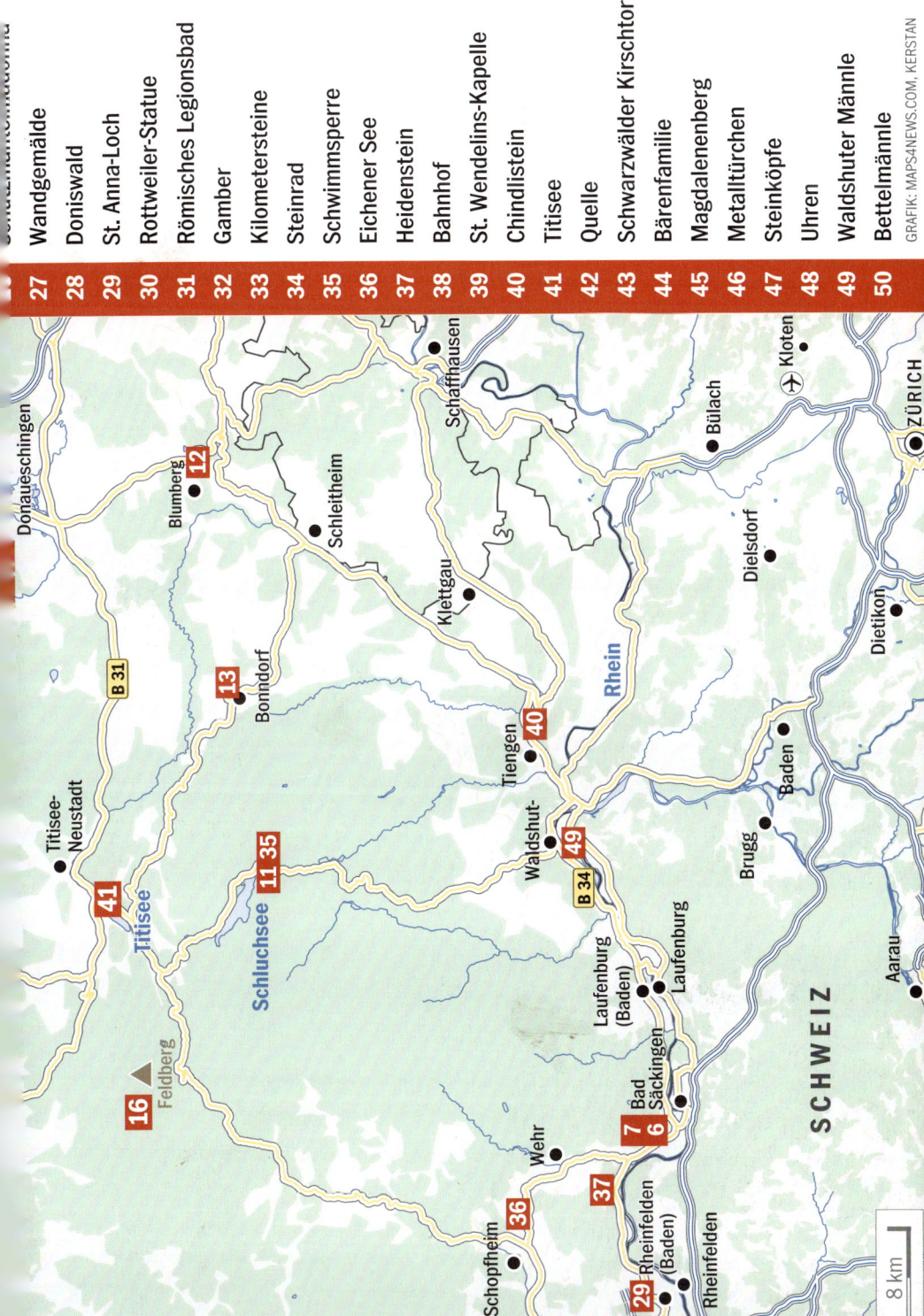

GEHEIMNISSE DER HEIMAT GIBT ES IN

Aalen und Wasseralfingen
Bad Cannstatt
Bamberg

Bayreuth
Berlin
Rund um den Bodensee
– für Kinder

Esslingen
Friedrichshafen
Donaueschingen,
Bräunlingen und Hüfingen

München
Regensburg
Schwäbisch Gmünd

Villingen-Schwenningen
Würzburg

Hamburg
Hannover
Konstanz Band 1+2

Schwarzwald – für Kinder
Tübingen
Überlingen Band 1+2

ALLE BÜCHER ERHALTEN SIE IM BUCHHANDEL ODER UNTER:
WWW.BUERO-BAST.DE